AF277784

Denis Criado

Fuerza Vital

**Sabiduría yóguica para nutrir
cuerpo, mente y espíritu**

Prólogo de Pablo d'Ors

editorial Kairós

© 2025 Denis Criado

© de la edición en castellano:
2026 Editorial Kairós, S.A.
Numancia 117-121, 08029 Barcelona, España
www.editorialkairos.com

Diseño cubierta: Editorial Kairós
Fotocomposición: Florence Carreté
Impresión y encuadernación: Índice. 08040 Barcelona

Primera edición: Enero 2026
ISBN: 978-84-1121-420-9
Depósito legal: B 21.979-2025

*A todos los seres humanos
que han aprendido a dominar y sanar sus vidas,
y que nos han dejado este legado yóguico ancestral,
que ahora nos impulsa a nutrir
nuestro cuerpo, nuestra mente y nuestro espíritu
para prestar un mejor servicio a los demás,
y a la Madre Tierra.*

Sumario

Prólogo

Comprensión espiritual, paz interior y energía vital. *Fuerza Vital* es un libro de formato pequeño pero de aliento grande. Confieso que me ha impresionado, pues no esperaba que me agradara tanto, aunque valoro mucho a su autor, a quien considero un amigo. Las palabras que ha escrito sobre la sabiduría del *prana* me parece que nacen de un insólito núcleo de verdad y de amor, descubierto a través de la experiencia. Esto me ha emocionado y me ha hecho leerlo con creciente interés, como quien finalmente encuentra una especie de manual de vida.

Con este modesto prólogo, que Denis Criado me ha pedido que escriba, pretendo atestiguar que merece la pena dedicar un tiempo de calidad a estas páginas, en particular a lo que dice en ellas sobre los círculos sagrados y sobre el poder de la intención, aunque en realidad me ha gustado todo, de principio a fin. Como llevo toda la vida escribiendo, cuando me encuentro con textos ajenos, en particular cuando aún no han sido editados, mi tentación –casi inevitable– es ponerme a corregir la redacción, pero no es necesario, ni siquiera conveniente. Este libro es perfecto como es, pues es un buen espejo, muy fidedigno, de la nobleza y el horizonte de su autor. Cualquiera que lea estas propuestas para una vida más digna tendrá ganas de hacerse amigo de quien las ha escrito. No es de extrañar: Denis Criado es un hombre generoso e inteligente. Ha estudiado con los mejores maestros y, sobre todo, ha hecho –está haciendo– una síntesis personal que me parece muy madura. Personalmente, me enorgullece poder caminar a su lado hacia la Luz, pues aprendo mucho junto a él. Disfruto de la fuerza vital que irradia y de la que tan bellamente habla en este libro.

A ti que te dispones a sumergirte en estas palabras, querido lector, me permito darte dos consejos. Primero: lee despacio. No pienses que ya sabes lo que aquí se cuenta. Lo sabes, por supuesto, pero seguramente no del todo. Déjate sorprender. Y segundo: una vez que lo hayas leído –con lapicero en mano, que es como leemos quienes queremos aprender–, haz una segunda lectura. Descubrimos entonces una hondura que la primera lectura no permite ver fácilmente, pues solo con leer estas páginas, sin todavía ponerlas en práctica –a lo que incita–, ya te sientes mejor. Es muy hermoso –y muy excepcional– encontrar libros que nos hacen tanto bien. *Fuerza Vital*, por gracia de Dios y por su autor, es uno de ellos.

PABLO D'ORS

Oṃ sarve bhavantu sukhinaḥ
sarve santu nirāmayāḥ
sarve bhadrāṇi paśyantu
mā kaścid duḥkha-bhāg bhaveta /

«Que todos los seres sean felices.
Que todos sean libres de enfermedades.
Que todos perciban lo que es bueno y lo bello.
Y que nadie experimente el sufrimiento».

Brihadaranyaka Upanishad,
siglos VII-VI a.C.

Introducción

Cuando era joven tenía una salud muy débil, pues además de la ansiedad y el estrés, sufría de insomnio. Vivía en un estado depresivo que me hacía estar muy fatigado y sin fuerzas, pero una noche todo cambió. Me encontraba de retiro en Twentynine Palms (Veintinueve palmeras), el punto de entrada al desierto Mojave en el sur de California; en un austero y retirado centro residencial que fundó el gran yogui de la India Paramahansa Yogananda (1893-1952).

Durante el retiro me costaba dormir por las noches por el calor que hacía y por las preocupaciones que tenía. Una noche, después de un círculo de fuego con los demás residentes, decidí salir de la casa de retiro y dar un paseo por el desierto. Miré al cielo y vi el vasto cosmos como nunca lo había visto. Envolvía la Tierra hasta alcanzar el horizonte. Podía ver el brillo de las estrellas contrayéndose y expandiéndose sutilmente. Era como si tuvieran un corazón, parecía que estaban vivas.

De repente, sentí una fuerza y energía llena de vida, mi corazón se abrió de par en par. Percibí la Tierra, como una misma pulsación; una unidad que está viva. Las lágrimas recorrían mi rostro mientras me poseía una profunda sensación de paz. Sentí que mi cuerpo, tan diminuto en medio del desierto, vibraba como si sus millones de átomos estuvieran bailando al compás de la inmensidad del cielo de la noche, de sus estrellas y de todo lo que le rodeaba.

Desde esa noche, siempre he tenido la certeza de haber recuperado mi conexión espiritual, la más profunda que podía tener. Con ella, al sentir su fuerza vital, me llenaba de voluntad, de amor y de tener un sentido en la vida. Comprendí que estamos hechos de energía, la misma energía que hace posible todo a nuestro alrededor, porque somos una unidad que se manifiesta en cada uno con vitalidad, si lo permitimos. En cada persona, en cada árbol, en cada animal, en cada diminuta o gran forma se manifiesta de manera única una fuerza hecha de amor. Sin esfuerzo, también empecé, durante los siguientes años, a cambiar mis hábitos a más sanos, a tener mejores relaciones, a ser más honesto conmigo y con los demás.

Todavía me conmuevo al recordar que la fuerza vital es la que hace posible que todo el universo esté manifestándose en un orden difícil de explicar, porque al conectar con ella nos sentimos vivos y llenos de vitalidad. Nos conectamos íntimamente con todo lo que nos rodea. Desde esa noche, algo cambió en mí para siempre.

Los antiguos y grandes maestros de Yoga siempre enseñaban sobre la fuerza vital, el *prana*, que da vida y que se manifiesta a través de nuestro corazón. El poder del amor que crea el universo y que al conectar con ese poder nos convertimos en nuestros propios maestros.

Entonces, nos preguntamos: ¿por qué podemos llegar a ver la vida sin sentido y de forma oscura? ¿Por qué nos puede llegar a restar tanta vitalidad el estilo de vida actual? La respuesta es simple: si perdemos la conexión con el impulso evolutivo que fluye en nuestro corazón y que nos conecta con los demás de forma sabia y compasiva, perdemos la fuerza de la vida, la ilusión de vivir. Este impulso hace posible que todo lo sintamos como un milagro, que todo se sienta interconectado, con sacralidad, con la energía de la vida.

Cuando tenemos miedo o nos autosaboteamos y enjuiciamos en cada decisión que tomamos, es porque hemos perdido la conexión con el espíritu que vive en nosotros, lo que nos resta vitalidad y brillo. Sentimos ira, frustración o envidia. Experimentamos un vacío interior que nos deja exhaustos. Vivimos en la sociedad del consumismo y del rendimiento, que nos lleva al cansancio. Se nos impulsa a creer que debemos tener todo tipo de experiencias, ya sean espirituales o no. Pero si consideramos que podemos vivir con lo suficiente, descubrimos que muchas cosas que creemos necesitar no las necesitamos. Es cierto que lo «nuevo» puede ser atractivo de experimentar, pero pronto descubrimos que no nos alivia el vacío interior y tenemos hambre de más. Esta es la razón por la cual los seres humanos nos adaptamos y normalizamos vivir con enfermedades y dolencias físicas y emocionales. Sentirnos realmente vivos es nuestro gran miedo, por eso nos rechazamos, nos maltratamos y dejamos de ser fieles a lo que realmente nos alimenta.

Si reconocemos cómo nos dirige nuestro miedo, tendremos el potencial de parar de responder a aquello que no nos alimenta. Si desarrollamos consciencia de lo que nos alimenta a nivel cuerpo, mente y espíritu, podremos despertar de esta pesadilla. Lograremos vivir sobre la base de nuestro espíritu, llenándonos de vitalidad y autenticidad, tengamos o no enfermedades.

Aunque es cierto que las enfermedades pueden ser complicadas, dolorosas y aterradoras, también es igual de cierto que no tenemos todas las respuestas. Pero en este viaje llamado vida, al conectar con la fuerza vital –*prana*– que prevalece en el Universo, se ha comprobado que es capaz de cosas milagrosas.

La sabiduría yóguica nos dice que esta misma energía es un sistema inteligente, que conecta nuestros cuerpos y mentes con el mundo que se halla a nuestro alrededor y, de esta forma brillantemente diseñada, nos autorregulamos y nos sanamos. Si desintoxicamos nuestra comida, el agua que bebemos y los productos que usamos, desintoxicaremos nuestras relaciones y estilo de vida, para volver a sentirnos vivos.

Cuando vamos más allá de lo físico y mejoramos nuestro ambiente interior y exterior, podemos cambiar nuestras vidas y sentirnos plenos. Todo es cuestión de fe. Fe en uno mismo. Sin importar si es fe en Dios, fe en la medicina, fe en la capacidad de cura de nuestro cuerpo, o una combinación de las tres. Si lo creemos, podemos alcanzarlo, pues vivimos en un mundo de infinitas posibilidades.

Hoy en día, los profesionales y científicos occidentales coinciden cada vez más en una visión integral del ser humano, y creen que es la clave para sanar y sentirnos plenos. El problema es el viejo paradigma de creer que la medicina obra solo milagros en los casos de traumatismo, por sus avances en cirugía. El problema es quedarse solo con eso, pues para poder realmente sanar y sentirse vivo, es necesario dar un paso más: encontrar el sentido profundo de los malestares y cultivar una vida más holística.

La Universidad de Harvard investigó durante más de una década, en varios países, a más de mil quinientos sobrevivientes de cáncer contra todo pronóstico. Se llegó a la sorprendente conclusión de que existen nueve cambios de estilo de vida que hicieron todas las personas que se sanaron «milagrosamente». Lo más extraordinario de estos cambios es que solo dos fueron físicos: los demás eran mentales, emocionales o espirituales.

Cambiar radicalmente la alimentación, reduciendo mucho o eliminando el consumo de azúcar refinado, de productos lácteos y de alimentos procesados. Aumentar el consumo de verduras y frutas. Beber agua filtrada. Consumir alimentos ecológicos.

Emplear plantas medicinales y suplementos naturales, porque ayudan a digerir los alimentos y a desintoxicar el cuerpo, ya que potencian el sistema inmunitario.

Dejarse guiar por la intuición. No siempre las demás personas saben qué es lo mejor para uno. La intuición es ese sexto sentido, que parece salir de un lugar más profundo, que es capaz de ayudar a cada persona a apartarse del peligro y a dirigirse al camino que conduce a la recuperación.

El cuerpo sabe lo que necesita para sanarse, pues posee un conocimiento innato e intuitivo de lo que necesita para sanarse y es capaz de hacernos saber por qué cayó enfermo en un primer momento.

Asumir el control de la salud. Tomar el control de la propia sanación es esencial. Para hacerlo, son necesarias tres cosas: desempeñar un papel activo en nuestra salud, estar dispuestos a realizar cambios en nuestra vida y ser capaz de afrontar la resistencia.

Liberar emociones reprimidas. Una emoción reprimida es cualquier emoción del pasado a la que una persona sigue aferrada, ya sea funcional, disfuncional, consciente o inconsciente. Las emociones a las que nos aferramos comúnmente, como el estrés, el miedo, los traumas, el remordimiento, la ira o la tristeza.

Aumentar las emociones agradables. Estimular emociones agradables cada día, aunque solo sea durante cinco minutos, tiene tanta importancia para la salud como cualquier medicina. Las emociones primarias agradables son la alegría y el amor.

Pedir ayuda y aceptarla. Los seres humanos somos criaturas sociales por naturaleza. Nos necesitamos mutuamente para sobrevivir y dependemos de otras personas durante toda la vida. Recibir amor y el contacto físico, como abrazos o caricias, ayudan al cuerpo a sanarse.

Profundizar la conexión espiritual. Una práctica espiritual es aquella que anima a experimentar en el cuerpo y en las emociones una sensación profunda de calma y paz. Para sentir esto, se debe empezar por encontrar un modo de apagar la mente y relajar el cuerpo.

Tener un propósito por el cual vivir. La mente dirige el cuerpo. La curación de cualquier enfermedad comienza por una mente en calma, libre de ataduras, y por un fuerte deseo de vivir. El cuerpo escucha lo que le dice la mente: si está emocionada con la vida, el cuerpo estará lleno de energía vital, pero si la mente está llena de miedos o desesperanzada, entonces el cuerpo tendrá fatiga y cansancio.

Del mismo modo, el propósito del yoga para la salud va más allá de tener un cuerpo en perfecta armonía y una mente tranquila y receptiva. Consiste en aprender a sintonizarnos con el *prana* y a escuchar su sabiduría con uno mismo y su entorno. Si aprendes a seguir la sabiduría del *prana*, comienzas a experimentar la infinita y sublime semilla de la vida. Esta orientación hacia la salud tiene profundas implicaciones en nuestra forma de vivir y en las actitudes que tenemos hacia ella. El cómo interactúas con la energía vital *prana* te permitirá armonizar cada una de las principales áreas de la vida: tu relación con la alimentación, el trabajo y las relaciones. Una vez que te encuentres en el camino hacia una armonía holística, que abarca cómo te alimentas, trabajas y socializas, entrarás en un reino de salud que trasciende cualquier miedo o enfermedad.

Durante mis estancias en los *ashrams* –centros residenciales de yoga– en California y en la India, descubrí la importancia de practicar el «no hacer». Los huéspedes que hicieron los programas de vida contemplativa nos comentaban que practicar una rutina diaria que incluyera no solo yoga y meditación, sino también momentos de *no hacer* en conexión con la naturaleza, les impulsaba a tener una mayor vitalidad. Comentaban el hecho de que, al reducir la hiperactividad de *hobbies* y tecnología, se conectaban más con el *prana,* que les brindaba mayor plenitud y, de este modo, podían alcanzar sus aspiraciones más profundas.

A medida que comiences a experimentar la energía radiante del *prana,* descubrirás que conocerte es una de las experiencias más estimulantes y gratificantes que puede ofrecerte la vida.

Así como el loto, una bella flor que incluso ha llegado a ser llamada «la flor milagro», emergemos de las oscuras aguas fangosas y encontramos la calidez y el alimento de la luz. Cuando el capullo emerge a la superficie del agua y se baña en la luz, abre su primer pétalo. A menudo, en nuestras ajetreadas vidas, pasamos por alto los logros más pequeños. Cada pétalo que se abre es un logro que ha superado obstáculos como la pérdida o la enfermedad.

Si queremos florecer como seres humanos, al igual que el loto, tenemos que aprender a resurgir del fango, a florecer desde la oscuridad y a mostrarnos al mundo tal y como somos. Y eso es belleza. Como me decía mi maestro:

> «El verdadero poder proviene de renunciar al control y entregarse a la energía de la voluntad divina».

Porque como dice la tradición del Yoga:

> «La verdadera salud surge cuando estamos en armonía con nosotros mismos, con los demás y con la naturaleza».

«Detrás de cada cosa hermosa,
hay cierto tipo de dolor».

BOB DYLAN

1. La salud
como experiencia de plenitud

Durante siglos, la salud era celebrada como el hecho de sentirse vivo. Nos invitaba a afirmar la milagrosa maestría de la naturaleza en nosotros, alcanzando una salud radiante, llena de paz interior y de un gozoso bienestar en el día a día.

Pero esa percepción cambió desde mediados del siglo XIX: una interpretación microbiológica demostró la existencia de gérmenes y su relación con las enfermedades. La teoría de los gérmenes, como se la conocía, se filtró rápidamente en nuestro sistema médico hasta que el campo de la salud quedó dominado por la creencia de que, si los gérmenes podían controlarse o eliminarse, la experiencia resultante era de salud. La consecuencia fue, una vez más, una definición de salud de segunda categoría. «Estoy bien si mi médico me dice que estoy libre de enfermar».

Incluso en la antigua Grecia, existían dos corrientes de pensamiento sobre la salud que reflejaban filosóficamente nuestros modelos convencionales y holísticos. La diosa Panacea gobernaba el ámbito de la curación y representaba la corrección de un mal –una enfermedad–, mientras que Higea era la diosa de la salud, y la representaba a través de una vida con propósito. El enfoque holístico sugiere un retorno al ámbito de Higea: disfrutar de la salud al involucrar toda nuestra energía –física, mental y espiritual– en armonizar nuestras vidas con las leyes de la naturaleza.

Por este motivo, hay dos conceptos fundamentales que debemos aclarar para recuperar la percepción original y holística de la salud: el primero es que el estrés no es necesariamente malo, y el segundo es que la relajación no implica tener que hacer siempre algo para llegar a ella.

El estrés es una respuesta natural y normal del cuerpo a cualquier situación externa que demanda sus recursos energéticos. En este sentido, el estrés no solo es una reacción natural del cuerpo, sino también es necesario para el mantenimiento de nuestras vidas. Responder al estrés nos permite tomar las medidas esenciales para mantenernos vivos, libres de peligro y evolucionando como especie. La respuesta al estrés de nuestros ancestros era apropiada para ellos, pues la vida era precaria y quienes sobrevivieron para propagar la especie fueron los más rápidos, fuertes y feroces ante las situaciones mortales que ocurrían a diario.

Al percibir peligro, el sistema nervioso autónomo le indicaba al cuerpo que liberara adrenalina en el torrente sanguíneo, proporcionando energía instantánea al corazón, los pulmones y los músculos para adaptarse y ajustar el organismo a la respuesta de «lucha o huida». Nuestros cuerpos aún responden con este mismo mecanismo ancestral, que nos envía una intensa energía para luchar o huir, pese a que nuestras vidas han cambiado. A medida que hemos evolucionado como especie, nuestras nuevas interpretaciones de los acontecimientos que nos rodean se han mezclado y confundido con nuestras reacciones instintivas inconscientes. Como resultado, no gestionamos eficazmente el estrés y experimentamos tensión. Por eso, necesitamos comenzar nuestro proceso de aprendizaje de la relajación haciendo una importante distinción entre estrés y tensión. El estrés es un fenómeno fisiológico natural, necesario para la vida. La tensión es la desagradable repercusión física y mental que experimentamos cuando no somos capaces de procesar el estrés eficazmente.

Entonces, ¿cómo se convierte el estrés en tensión? Es el resultado de nuestro hábito inconsciente de percibir las situaciones externas inesperadas como amenazantes, cuando en realidad no tienen por qué serlo. En la sociedad actual, la confianza y la cooperación podrían ser nuestro modo de interacción. Sin embargo, la ley de la selva aún prevalece en nuestras mentes, por lo que la ley del más apto sigue siendo nuestra ley inconsciente de vida.

Por ejemplo, si nos critican con vehemencia una tarea que hemos realizado, a menudo respondemos con miedo e ira, como si fuera una amenaza para nuestra propia vida. Nuestra programación mecánica interna de la ley del más apto nos dice: «¡Defiéndete o morirás!», y experimentamos miedo como si nuestra propia vida estuviera amenazada. Ese es nuestro primer error.

Asimismo, la forma de generar tensión es usar nuestra energía mental para combatir algo que no podemos controlar ni cambiar físicamente. Por ejemplo, si estoy en medio de un atasco y sé que voy a llegar tarde a una reunión importante, tengo dos opciones. Una es enfurecerme y frustrarme por el retraso imprevisto, incontrolable e innecesario: ¿por qué no hacen algo con este atasco?, ¿por qué la gente no se va a casa antes, por otro camino? La otra es sentarme, relajarme y aceptar lo inevitable. Está claro que me sentiré mucho más tenso y agotado por la primera reacción que por la segunda, aunque la mayoría reaccionamos de la primera manera. Cuando la tensión se acumula, sentimos una incomodidad que intentamos ignorar o aliviar de maneras inapropiadas, como consumiendo alcohol, comida, drogas o sexo.

Según el Ayurveda, la rama médica milenaria del Yoga, cada enfermedad traza su propio curso en etapas y se manifiesta de manera diferente en el cuerpo. La primera etapa, *sanchya*, es conocida como *la etapa de acumulación* de tensión en el cuerpo. En esta etapa, uno se encuentra con leves sensaciones de inconformidad y puede manifestarlo con constipados, dificultades leves para respirar y algo de cansancio.

La segunda etapa, *prakopa*, es la *etapa de agravación*,

de expansión de la tensión acumulada en el cuerpo. Es decir, esta etapa empieza a crear desequilibrios en algunos órganos, como el colon, los pulmones y el aparato digestivo. Dependiendo de la fisionomía y del estilo de vida, se puede experimentar en esta etapa congestión en los pulmones, dolor en los músculos, en la zona del abdomen y acidez estomacal.

La tercera etapa, *prasara*, es la *etapa del desbordamiento* hacia todas las zonas del cuerpo a través del sistema circulatorio. Como cuando un río se desborda y crea nuevos canales de agua de forma descontrolada. En esta etapa se puede experimentar fatiga, piel seca, pérdida de apetito, náuseas y vómitos, entre otros síntomas.

La cuarta etapa, *sthana samsraya*, es la *etapa de la reubicación,* donde los síntomas de la tensión acumulada se fusionan con los tejidos endureciéndolos y provocando lesiones. Nuestro cuerpo empieza a avisarnos enviando señales y cada zona del cuerpo envía señales diferentes. Por ejemplo, la diabetes se manifiesta cuando tenemos mucha sed y orinamos mucho.

La quinta etapa, *vyakti*, es la *etapa de la manifestación*. La enfermedad es una entidad y crece de forma incontrolada en el cuerpo. Las señales y síntomas están asentados y hay una enfermedad, que crea en nuestro cuerpo un cambio funcional del sistema corporal.

Por último, la sexta etapa, *bheda*, es la *etapa específica,* que influye en la salud y en la calidad de nuestra vida, dificultando poder hacer actividades a lo largo del día.

Estas etapas nos llevan a una gran verdad que se dice en la tradición: «Debemos, en todo momento, estar preparados para renunciar a lo que somos para lo que podemos llegar a ser». Vivir una vida relajada comienza a suceder a medida que desarrollamos conscientemente nuevos procesos adaptativos para lidiar con el estrés. Podemos cultivar una alternativa a la respuesta de lucha o huida, que es aceptar y cooperar con cualquier situación que la vida nos presente.

El cuerpo, como el violín de un músico virtuoso, es un instrumento delicado y sutil que debemos manejar con el mayor cuidado y respeto y afinar con profunda sensibilidad para que la música de la vida emane belleza y armonía. Activamos nuestra capacidad de ser artistas de nuestra propia salud. Nos convertimos en cocreadores de la gran sinfonía de la vida.

2. Del cansancio crónico a la sabiduría del *prana*

Nada de lo que existe en esta Tierra y fuera de ella está exento de *prana*. Todos vivimos según su inteligencia. Como nos dice la tradición del yoga y otras milenarias del mundo, la sabiduría de la que depende nuestra vida no nos ha llegado a través de la información verbal, sino a través de la sabiduría del *prana,* que es la fuerza vital que reside en nuestro interior y que activa todas las funciones del cuerpo.

El *prana* fluye por las corrientes nerviosas del cuerpo como energía consciente y, guiado por su propia inteligencia innata, lleva a cabo millones de procesos vitales con un orden e inteligencia precisos, así como funciones que no son automáticas, sino que requieren decisiones conscientes: cuándo y cuánto comer o dormir, por ejemplo. Nunca tuvimos que aprender a respirar, a hacer que circule la sangre, a digerir los alimentos, a eliminar toxinas ni a sanar nuestro cuerpo, porque la fuerza vital del *prana,* con su inteligencia, a menudo incomprensible, lleva a cabo todos estos complejos procesos, desde nuestro nacimiento hasta la muerte. Sea cual sea el nombre que elijamos, la sabiduría del *prana* es muy superior a cualquier otro conocimiento que desarrollemos. Así, en esta era de ciencia y tecnología avanzadas, no hemos logrado comprender plenamente ni reproducir lo que el *prana* hace a diario en nuestros cuerpos y mentes.

Cuando desarrollamos el primer principio básico del Yoga, el de *ser conscientes*, aprendemos a centrar la atención en la experiencia de nuestro cuerpo, utilizando nuestra interpretación de esa experiencia como nuestro propio camino hacia una salud y un bienestar vibrantes. Así, comenzamos por mirar hacia nuestro interior, observando sin juzgar las formas en que experimentamos nuestras vidas. Sin embargo, al mismo tiempo podemos hacer la siguiente afirmación firme:

«Acepto mi estado actual de salud con sus puntos débiles. Reconozco que he creado mi salud, consciente o inconscientemente, y asumo la responsabilidad sobre ella. Creo que las experiencias de mi vida y donde estoy ahora son exactamente donde necesito estar para aprender sobre la vida y la salud».

De este modo, conocemos el terreno en el que nos encontramos e integramos la sabiduría que proviene de las lecciones de nuestras experiencias vividas hasta este momento.

El segundo principio básico del Yoga es que todo lo que decimos y hacemos es una expresión de nuestra propia energía o fuerza vital interior: de cómo la *gastamos* o la *conservamos*. Nuestro estado actual de bienestar es el resultado de cómo hemos utilizado esa energía en el pasado. No se trata de juzgar como buena o mala la forma en que la hemos utilizado, pues actuamos con la consciencia que teníamos en ese momento. Ahora, puedes tomar decisiones diferentes a medida que comienzas a ver cómo funciona la vida en términos de energía.

Fíjate en cómo todos hemos experimentado momentos en los que nos sentábamos a comer no porque tuviéramos hambre sino porque estaba delicioso y, al hacerlo, ignorábamos el *prana.* Quizás una noche teníamos mucho sueño, pero un amigo llamó y fuimos al cine de todos modos. Nuestro cansancio era la forma en que el *prana* nos hablaba, diciéndonos que necesitábamos dormir. Una vez más, lo ignoramos.

Si no escuchamos al *prana*, perdemos la oportunidad de experimentar el equilibrio y la armonía interior, que nos corresponden por derecho de nacimiento. Nos perjudicamos como seres humanos; no solo a nuestros cuerpos, sino también a nuestro trabajo, relaciones o vida social, entre otros. Si ignoramos con frecuencia el *prana*, creamos un estado de enfermedad, una desarmonía entre nuestro cuerpo y mente, provocando fatiga y estrés. La enfermedad se convierte en un mensajero del *prana*, un mensaje que nos dice que, en algún momento de nuestra vida, hemos perdido el equilibrio.

El *prana* es una brújula interior en nuestro cuerpo, un manual de salud holística, al que podemos acudir en busca de orientación. Pero cada vez que sentimos tensión, dejamos de «pulsar», de sentir la vibración. Al mismo tiempo, la tensión nos indica que hay algo que requiere de nuestra atención.

Cuando ignoramos esta sabiduría interior creamos la causa raíz de todas nuestras enfermedades. Muchos lo hemos ignorado durante tanto tiempo que se ha convertido en un lenguaje perdido, que hemos olvidado interpretar. El *prana* nos habla a través de nuestra intuición, nuestro sentido interno de conocimiento sobre lo que está bien o mal para nuestro cuerpo en un momento dado. Escuchar sus señales, según lo que nos enseña la tradición del Yoga, es la posibilidad que nos damos para desarrollar en nosotros una salud holística.

Si la mente ignora las señales del *prana* y opta por satisfacer los deseos, sueños, miedos y fantasías del ego, entrará automáticamente en conflicto con el cuerpo. Estos conflictos mentales con las leyes universales del *prana* provocan tensión física e inquietud mental. Si no cambiamos la orientación de nuestra mente, siendo conscientes de los deseos del ego que ignora el *prana*, nos encaminamos hacia problemas que se manifiestan en trastornos físicos y mentales más graves. Si la mente responde a los impulsos internos de nuestro cuerpo y los llevamos a cabo adecuadamente, esta se convierte en un acto de amor propio, al integrarse con el *prana.*

Quiero que entiendas que el papel de la mente es fundamental, porque, si está tranquila y despejada, optaremos por satisfacer las necesidades internas del cuerpo. Si opta por servir a los deseos del ego, buscará un curso de acción, que no está en sintonía con el *prana*. Como resultado, nuestra reserva de energía se agotará y nuestro cuerpo sufrirá un desgaste, que nos llevará al agotamiento innecesario.

Cuando indagas profundamente en por qué ignoras las señales del *prana*, descubres que la presión social y cultural e incluso familiar, por costumbres sociales, hace que sea muy difícil. El malestar o el dolor ocasionales son el precio que pagamos, pese a que tratamos de suprimirlos con tranquilizantes, antiácidos, aspirinas u otros medicamentos, aunque, si llega la enfermedad, esta nos llevará a buscar una cura. El miedo al dolor y la discapacidad a largo plazo prácticamente nos obliga a actuar. Si no respondemos a las advertencias del *prana* y continuamos tratando a nuestro cuerpo con la misma inconsciencia, el *prana* recurrirá a señales más fuertes y evidentes para llamar la atención de nuestra mente sobre el daño que estamos causando a nuestro cuerpo. Trastornos y enfermedades graves comenzarán a somatizarse en nuestro cuerpo, serán los avisos del *prana* que requiere una atención urgente.

Otro ejemplo: lo que era una simple indigestión ahora se ha convertido en los síntomas de una úlcera. La presión arterial moderadamente alta ha evolucionado en una insuficiencia cardíaca, angina de pecho o un infarto leve. La rigidez articular matutina se ha convertido en los dolores de artritis. Nuestra condición ahora requiere atención médica.

Una vez llegados a este punto, el estado de baja energía nos hace menos eficientes en nuestras responsabilidades cotidianas. Nuestra ineficiencia nos genera tensión y, como resultado, nos volvemos más frágiles. Esto se convierte en una pérdida constante de nuestros recursos físicos, mentales, emocionales y financieros, además podemos comenzar a desarrollar problemas psicológicos, como ansiedad crónica o depresión.

Desde la simple incomodidad hasta el dolor intenso, el idioma del *prana* tiene un único y sencillo propósito: mostrarnos cuándo nos desviamos en el camino de la vida y la salud para ayudarnos a regresar. Son como faros de luz en la costa, en los días de niebla. Nos advierten de que debemos orientarnos y corregir el rumbo antes de que sea demasiado tarde.

Según el Ayurveda, el vínculo entre nuestra inmunidad, nuestro entusiasmo en la vida y nuestra consciencia se llama «ojas» o néctar de vida. *Ojas* es una palabra en sánscrito que significa «vigor». Se refiere a la energía sutil y pura de nuestro cuerpo y es la esencia de la digestión de las comidas, las impresiones y los pensamientos. A un nivel profundo, nos otorga calma, da soporte y nutre nuestros estados elevados de consciencia.

Ojas es una sustancia bioquímica que tiene una influencia directa en la naturaleza y calidad de tu cuerpo físico, tu mente y emociones. Cuando tienes una imagen resplandeciente de luminosidad, gracia y belleza, tienes *ojas*. Su efecto interior es la sensación de paz, de felicidad serena y de una inmunidad muy fuerte. Nacemos con una adecuada carga de *ojas* en nuestro organismo, pero la vamos perdiendo según el estilo de vida elegido, estrés, manejo de nuestras emociones, etcétera. Generamos «ama», que en sánscrito significa «toxinas», justo lo opuesto de *ojas*.

Por lo tanto, cuando el *ojas* es fuerte, nos sentimos enérgicos, saludables, resistentes al estrés y emocionalmente equilibrados. Te sientes con energía después de dormir, tu piel está radiante y tu lengua limpia y rosada. También te sientes liviano y centrado a lo largo del día, tu mente está clara y raramente te enfermas. Cuando *ojas* está equilibrado, la mente está preparada para resistir períodos de estrés sin perder la calma.

Por otro lado, cuando *ojas* está débil o agotado, nuestra salud se ve comprometida y pueden aparecer enfermedades frecuentes con una sensación general de agotamiento. Tienes mal aliento, tu lengua tiene una capa blanca, mala digestión, un dolor generalizado, fatiga crónica, depresión, eres más susceptible a infecciones y tu sistema nervioso se deteriora. A nivel mental, tienes más tendencia a resignarte, pierdes el deseo de progresar, tu mente se agota rápidamente, pierdes la calma, y se presentan enfermedades psicosomáticas. A nivel espiritual, pierdes tu conexión con la vida, con el deseo de dar a los demás.

Por todos estos motivos, *ojas* se considera la forma más refinada de *prana* en el cuerpo y reside en el corazón. Se asocia con el bienestar general, la claridad mental, la longevidad y la vitalidad.

Sin embargo, quiero que entiendas que no podemos conseguir *ojas* de forma rápida, pues requiere de compromiso y disciplina. Con solo hacer algunos cambios en tu rutina, en la manera de alimentarte y en la manera de relacionarte con el mundo, podrás favorecer a tu néctar de vida.

***

Según los psicólogos del desarrollo, aprendemos más desde la experiencia que desde el intelecto. Por ello, y para empezar estos cambios, la tradición del Yoga nos propone la práctica de «las tres A»: *atención consciente, aceptación y ajuste*. La práctica de *yoga más allá de la esterilla* se basa en el proceso experiencial. Las tres A son las tres prácticas con las que podemos entrar en el proceso de lograr los cambios deseados en nuestras vidas para mejorar nuestra vitalidad.

Con la *atención consciente* podemos saber dónde estamos antes de decidir cómo llegar adonde queremos ir. Imagina ir en coche a ver a tus amigos, perderte y llamarlos para pedirles indicaciones. Antes de que puedan decirte cómo llegar a su casa, la primera pregunta que seguramente te harán es: «¿Dónde te encuentras?». Una vez que sepas dónde estás, sabrás cuáles son los siguientes pasos.

Cuando somos conscientes de dónde estamos, podemos cultivar la *aceptación*. La atención consciente y la aceptación están entrelazadas. Al aprender a aceptar sin juicio tu situación actual, comienzas a permitir que tu inconsciente libere cada vez más conocimiento y creencias sobre ti. El proceso de aceptación consiste en reconocer que nuestra situación actual es perfecta tal y como es, pues es perfectamente imperfecta. Luchar mentalmente contra nuestra situación actual con juicios como «debería estar mejor de lo que estoy» o «no seré capaz de cambiar mis hábitos» nos resta energía. Si no aceptamos nuestra situación actual, no podemos avanzar en la dirección que elijamos, ni disfrutar plenamente del proceso, sin apego al resultado.

La atención consciente y la aceptación nos preparan para el *ajuste*. Una vez que hemos experimentado y aceptado plenamente lo anterior, podemos realizar los cambios de hábitos que deseamos y que nos llevarán a un estado de mayor salud holística. Las claves son la paciencia y la moderación. A menudo, vamos demasiado rápido y nos desanimamos al no poder cambiar todo de la noche a la mañana, o bien pensamos que los cambios necesarios son tan grandes que nunca podremos hacerlos y nos desanimamos antes de empezar. Pero si haces cambios suaves y graduales, te resultará más fácil e incluso placentero de lograr.

La *atención consciente*, la *aceptación* y el *ajuste* se utilizan para desarrollar tu lenguaje con el *prana*. También pueden ser útiles para facilitar cualquier transición de la vida, desde un cambio de trabajo hasta afrontar accidentes o enfermedades graves. Pruébalos y descubre cómo te funcionan. Te abres a lo nuevo. Al experimentar en ti nuevas formas no conocidas, confías. No solo buscas información para sentirte con más energía, más bien lo disfrutas, porque alguien más lo ha logrado hacer.

Cuando te acostumbres a escuchar y a sentir el idioma del *prana* a través de tu cuerpo, se producirá en ti un cambio de actitud hacia el dolor y la enfermedad, la salud y la vida misma. Pero entiende que no hay una receta sobre qué señales buscar, sino que simplemente tienes que empezar a volcar la mirada en el cuerpo, escucharlo, y sentir más las sensaciones pránicas que surjan, sean buenas o malas.

Todos hemos experimentado momentos que describimos como inspiradores, como los que surgen al mirar fijamente el cielo nocturno, al contemplar una vista que se abre desde la cima de una montaña, la belleza del amanecer o al entrar en un estado meditativo con las artes. Estos momentos de conexión íntima nos pueden ayudar a conocer en mayor profundidad el corazón espiritual (*sahridaya*) y quiénes somos realmente: una unidad que lo toca todo, la vibración que da vida a todo y que fluye creando relaciones auténticas, armonizando nuestro día a día y generando salud en el sentido más amplio.

3. Vitalidad en la alimentación

Todo ser humano es sabio, y por medio de la sabiduría del prana, puede nutrir considerablemente su vida. La sabiduría milenaria del Yoga no recomienda una dieta en particular, sino que enseña un enfoque nutricional que nos permite liberarnos para siempre de dietas y planes nutricionales elaborados por otros. Nos brinda la experiencia liberadora de convertirnos en nuestro propio experto en nutrición al aprender a escuchar los mensajes de nuestro médico dietético interior: el *prana*.

Entre los muchos libros de dieta y nutrición disponibles, ninguno supera a nuestro propio cuerpo a la hora de encontrar nuestra dieta ideal para el bienestar físico, mental y espiritual. Cada persona es diferente: un libro o una dieta se ha desarrollado, necesariamente, basándose en la persona promedio, pero la persona promedio no existe. Los requerimientos nutricionales de cada persona son diferentes porque su historia, metabolismo y necesidades energéticas son únicos.

Como ya hemos visto, la respuesta está en aprender a confiar en la sabiduría del *prana* de nuestro cuerpo para que nos guíe, en lugar de prescribir un nuevo conjunto de reglas alimentarias.

Entonces, ¿cómo puedes recuperar esta capacidad

perdida de comunicarte con el *prana* sobre los alimentos que tu cuerpo necesita para que favorezcan óptimamente tu salud integral? Al principio atravesamos una fase de *transición*. Mientras aprendemos a desarrollar una sensibilidad informada a las necesidades de nuestro cuerpo, sigue siendo necesario seguir una serie de pautas externas para una nutrición adecuada, pero siempre con flexibilidad y la mayor atención posible. En este proceso, las señales que percibimos suelen ser engañosas porque pueden deberse a deseos y preferencias habituales en lugar de a necesidades corporales genuinas.

Por ejemplo: puedes desear algo dulce cuando tu cuerpo realmente necesita proteínas. Si escuchamos con confianza nuestras sensaciones *pránicas*, podremos desarrollar una dieta que sea coherente con lo que nuestro cuerpo nos pide en cada momento.

La sabiduría yóguica nos enseña que ciertos tipos de alimentos aportan tipos específicos de energía al cuerpo. Los alimentos ricos y pesados, como los platos de pasta, filetes con salsas fuertes, panes, pasteles y tartas, tienden a hacerte sentir pesado y aletargado, al igual que el alcohol, cuando la primera oleada de energía se ha desvanecido. Este tipo de alimentos son conocidos como alimentos *támasicos*. Los alimentos muy especiados, el café, el chocolate y el té negro son ejemplos de alimentos que te harán sentir engañosamente enérgico, pero sobre todo inquieto e irritable. Estos son los conocidos como alimentos *rajásicos*. La mayoría de las frutas, verduras y cereales integrales te harán sentir equilibrado, tranquilo, lúcido y relajado, son los conocidos como alimentos *sáttvicos*.

Si simplemente observas cómo te sientes después de comer, podrás elegir tus alimentos en consecuencia. Las señales que debes buscar después de una comida son confusión y dificultad para concentrarse, cansancio, irritabilidad, emociones inexplicables y reacciones exageradas. Observa los patrones e intenta relacionarlos con tu alimentación. Algunas señales pueden no aparecer hasta el día después de haber consumido lo que las causó.

Tendemos a comer alimentos que inducen letargo junto con alimentos que nos incitan a la fatiga y, a menudo, tenemos la ilusión de un resultado equilibrado. Una comida típica, copiosa y rica, seguida de café es un buen ejemplo.

Lo que realmente ocurre cuando combinamos los alimentos de esa manera es que estamos agotando las reservas de energía del cuerpo, mientras lucha por equilibrar dos entradas contradictorias. Entonces, otra regla para una alimentación saludable es mantener la simplicidad, especialmente al intentar observar qué alimentos son agradables y aceptables para tu cuerpo y cuáles no.

Parte de lo que nos lleva a combinaciones incorrectas es nuestra tendencia a comer para complacer al paladar, en lugar de a nuestro cuerpo. Comemos lo que nos tienta por su sabor y en cantidades que satisfacen nuestro apetito. Estas preferencias suelen estar estimuladas por el hábito o la emoción, más que por las verdaderas necesidades nutricionales de nuestro cuerpo y nuestra capacidad digestiva y de eliminación. Estos últimos mensajes son más sutiles.

Para comer más sano, por supuesto, no podemos romper hábitos de un día para otro. Pero podemos empezar a equilibrar las elecciones que surgen de los deseos y antojos con aquellas que son conscientemente más saludables. Ese será un buen comienzo.

El ejercicio físico vigoroso se reconoce desde hace mucho tiempo como una buena manera de quemar no solo el exceso de calorías, sino también los desechos tóxicos. Correr, andar en bicicleta, nadar o practicar un yoga muy dinámico como *vinyasa yoga* y otras actividades son excelentes maneras de ejercitar el cuerpo y eliminar los residuos tóxicos. Aunque una forma eficaz de acelerar la eliminación de toxinas es el ayuno periódico que propone la tradición del Yoga.

El ayuno tiene dos beneficios principales: le da tiempo a nuestro sistema digestivo a descansar y a repararse, en lugar de trabajar las veinticuatro horas como suele hacerlo, permitiendo al cuerpo eliminar los desechos tóxicos. Solo cuando cesa el proceso digestivo, se produce la desintoxicación.

Cuando ayunamos, la energía que normalmente requiere la digestión se libera para una limpieza profunda del sistema. El cuerpo se vuelve más ligero y flexible; la mente se vuelve más clara y creativa. Se pueden desarrollar mayores poderes intuitivos y, después de un tiempo, se pueden experimentar profundas percepciones espirituales. Surge una sensación de bienestar cuando la energía se libera de esta manera: los problemas se convierten repentinamente en soluciones, y las ideas comienzan a fluir.

Una forma de ayuno adaptada consiste en que tomemos solo zumo de frutas o zumo de verduras recién exprimido durante uno o más días. Rara vez se recomienda ayunar solo con agua porque puede causar efectos secundarios desagradables en quienes no están acostumbrados. Además, se ha comprobado que ciertos zumos, en particular los cítricos y los de manzana, son muy depurativos y, a la vez, nutritivos. Los zumos de verduras frescas son aún más fáciles de realizar para quienes se inician en el ayuno: la depuración es menos intensa y aportan más nutrientes para la reconstrucción y el reemplazo celular.

Ayunar de esta manera, en forma regular, nos hace más conscientes de las señales del *prana*. Un día a la semana, preferiblemente el mismo día, es ideal, pero si no puedes hacerlo, prueba a ayunar una vez cada dos o cuatro semanas.

Otro punto importante es tratar la alimentación vegetariana que se nos propone en la tradición del Yoga. Aunque es un tema de debate, quiero que entiendas que la ciencia encuentra cada vez más evidencias de que los primeros seres humanos consumían una dieta vegetariana y solo recurrieron a la carne para sobrevivir cuando desaparecieron sus fuentes vegetales. Los animales carnívoros tienen tractos digestivos relativamente cortos y el tiempo total que tarda la comida en desplazarse por su cuerpo es relativamente breve. Sin embargo, los animales que sobreviven a base de plantas tienen tractos intestinales mucho más largos que permiten la descomposición de la celulosa de la materia vegetal. Los seres humanos tenemos un sistema digestivo muy largo: ¡solo los intestinos miden unos nueve metros de largo! Cuando la carne se procesa a través de un tracto digestivo tan largo, hay tiempo de sobra para que se pudra y distribuya toxinas por todo el cuerpo.

Quienes vivimos en las llamadas sociedades civilizadas aparentemente tenemos sistemas digestivos y de eliminación tan lentos que tardamos hasta setenta y dos horas en procesar y eliminar los alimentos. En cambio, en las sociedades primitivas, el tiempo promedio es de doce a treinta y seis horas, que es un lapso mucho más saludable.

Los dientes son otro indicador de una dieta natural. Los animales carnívoros tienen dientes afilados y puntiagudos. Muchos científicos creen que esto es otra indicación de que comenzamos nuestra evolución como vegetarianos. Algunos antropólogos que examinaron los dientes de humanos antiguos, mediante un método sofisticado recientemente descubierto, han informado que los patrones de desgaste en esos dientes en comparación con los de los dientes de animales del mismo período se debieron casi con certeza al consumo de frutas y verduras, pero no de carne.

Una dieta vegetariana es muy adecuada para los seres humanos por muchas otras razones. Las verduras obtienen su energía de la tierra, del agua y de la luz solar; son ricas en vitaminas y minerales y, como alimento básico, se pueden comer y digerir fácilmente. La carne, en cambio, se transforma de forma ineficiente a partir de plantas. Sus moléculas son complejas y difíciles de digerir. Si bien la carne es rica en proteínas, es baja en muchas de las vitaminas y minerales esenciales para el ser humano.

Por este motivo, una dieta vegetariana no se compone solo de verduras, sino también incluye una variedad de alimentos, como frutas frescas, frutos secos, legumbres y cereales. Una dieta vegetariana «pura» excluye todo tipo de carne, pescado y aves, así como alimentos que contengan cualquier forma de vida animal, como huevos y productos lácteos.

Existen dietas vegetarianas modificadas que sí incluyen alimentos como pescado, huevos y productos lácteos. Estas son buenas dietas de transición para quienes han consumido carne toda su vida. Si decides experimentar reduciendo la cantidad de carne en tu dieta, asegúrate de hacerlo gradualmente porque un cambio repentino podría ser un *shock* para tu organismo.

Al cambiar a un menú vegetariano, es importante asegurarse de seguir una dieta equilibrada con abundante proteína. Sin embargo, las investigaciones recientes indican que no necesitamos tanta proteína. Pero cada vez que experimentas emociones desagradables o te sientes tenso, sientes la necesidad de reponer esa energía perdida comiendo proteína. Sin embargo, si aprendes a estar más relajado, necesitarás menos proteína, porque hay menos energía perdida que reponer. Cuando estás más tenso, puedes llegar a comer entre tres y cuatro comidas copiosas al día y, aun así, sentir hambre. Si estás relajado, una o dos comidas ligeras pueden ser suficientes.

Cuando estamos tensos, tendemos a buscar relajación y plenitud gratificando nuestros sentidos. La comida es la forma más rápida y sencilla de lograrlo. De hecho, nuestra búsqueda de placer y disfrute a través de la comida, el entretenimiento, la diversión y las relaciones sexuales a menudo esconde un vacío interior que proviene de no sentirnos realizados en todos los niveles de nuestro ser.

Debido a esta excesiva orientación hacia la comida y a la búsqueda constante de sensaciones placenteras para satisfacernos superficialmente y calmar nuestros anhelos internos, hemos sobreestimulado nuestros apetitos hasta el punto de que ya no podemos percibir las verdaderas necesidades físicas de nuestro cuerpo.

La raíz del problema reside en que hemos olvidado el verdadero papel de la alimentación en la vida. Comer es, ante todo, nutrirnos de energía y sostener nuestros procesos vitales para que podamos explorar y desarrollar nuestro potencial superior. Si olvidamos el propósito principal de la alimentación, seguiremos siendo propensos a dañar nuestra salud por comer en exceso o por combinar los alimentos de forma inadecuada.

Debes comer para nutrir tu cuerpo, porque es, como han dicho muchos sabios, el templo del alma. Recuerda que «natural» no significa necesariamente lo mejor, pues incluso los alimentos naturales deben consumirse con discernimiento. Crea tu dieta según lo que sabes por experiencia que es mejor para tu salud. Come de acuerdo con aquello que te comunica el cuerpo a través de las sensaciones, el idioma del *prana*. Sobre todo, sé consciente de tus motivaciones para comer. A medida que cultives actitudes hacia la alimentación que favorezcan más tu salud, recibirás beneficios inmediatos: disfrutarás más de la comida y obtendrás una experiencia más rica de salud y bienestar.

4. Vitalidad en el trabajo

La palabra «trabajo» evoca, para muchos de nosotros, lo opuesto a relajación; aunque nos guste nuestro trabajo, trabajar implica esfuerzo. Sin embargo, el trabajo y la relajación no tienen por qué estar separados. Esto es parte fundamental para desarrollar una salud holística y su piedra angular es también la *energía pránica*.

Nuestro agotamiento en el trabajo está estrechamente ligado a un sistema de valores inadecuado que nos hace identificarnos con lo que hacemos: «Soy ejecutivo». «Soy médico». «Soy funcionario». Nuestra ocupación es simplemente una de las muchas expresiones de nuestra energía. Ese patrón comenzó muy temprano en la vida: incluso en la escuela primaria, nos sentíamos bien con nosotros mismos si sacábamos una «A» y mal si sacábamos una «C» o una «D». Nuestra necesidad de hacer, tener éxito y lograr es a menudo una expresión de la profunda necesidad humana de sentirnos aceptados. Desafortunadamente, si trabajamos con la motivación inconsciente de obtener amor y aceptación a través de nuestro trabajo, siempre experimentaremos tensión y agotamiento al no obtenerla.

Esta es una fuente de tensión que parece ser la más difícil de ver de manera objetiva. Es un hilo conductor que atraviesa todas las demás. Inconscientemente, siempre nos preguntamos: ¿Qué gano con esto? ¿Me pagan lo suficiente? ¿Recibo el respeto y la gratitud que merezco? Ese punto de vista es improductivo porque genera tensión.

De hecho, rara vez podemos estar seguros de recibir lo que sentimos que nos corresponde. En momentos de éxito, como un ascenso, un aumento de sueldo o un elogio especial, podemos sentir una subida de energía, pero es momentánea. La tensión aparecerá en nuestro trabajo siempre que lo veamos solo en términos de ganancia. Si en cambio podemos centrarnos en las formas en que nuestro trabajo supone un servicio a los demás y un dar en lugar de un recibir, automáticamente estaremos más relajados.

Por ejemplo, los grandes maestros y maestras de yoga dedicaban más horas a la semana que casi cualquier persona que conozcamos en un trabajo normal. Dirigían centros residenciales, aconsejaban a los practicantes, viajaban impartiendo retiros y talleres y, aun así, nunca parecían cansarse.

¿Cuál era su secreto? El secreto está en los principios del *karma yoga*, porque nos llevan a desarrollar una actitud en el trabajo y no una acción. Es una actitud importante hacia el trabajo y la vida que vale la pena cultivar si deseamos alcanzar una salud integral, porque nos permitirá experimentar una completa liberación de la tensión. Ese es el estado en el que nuestro *prana* fluye libremente y nuestra mente, cuerpo y espíritu funcionan en perfecta armonía.

Por lo tanto, ¿cuál es la actitud del *karma yoga*? Consiste en llevar a cabo nuestras tareas y responsabilidades diarias, ya sea en casa o en el trabajo, con ecuanimidad, sin ansiedad por los resultados de nuestras acciones, conocido en la tradición como *nishkam karma*. Significa cultivar una actitud tranquila y tolerante, pase lo que pase. Significa ser desapasionado por el resultado final; es decir, abandonar el miedo al fracaso, el deseo de éxito o el deseo de que las cosas sucedan de cierta manera.

La mayoría de las veces, basamos toda nuestra energía en alcanzar un concepto de éxito o en alcanzar metas específicas dentro de un plazo determinado. No está mal tener un sentido de dirección y compromiso. Al contrario, son aspectos muy importantes de la vida, pero existe una gran diferencia entre una meta y una dirección, entre apego y compromiso. Las metas y los apegos nos traen tensión y sufrimiento, en cambio, la dirección y el compromiso nos traen autoconocimiento y focalización en el momento presente.

Dadas las condiciones de vida y ocupaciones en nuestra tensa sociedad, a veces nos resulta imposible creer que podamos alcanzar tal nivel de ecuanimidad y aceptación serena ante cualquier situación que se presente en el trabajo. Sin embargo, no es tan difícil una vez que comprendemos *conscientemente* el concepto. Así aparecerá una nueva actitud: la del servicio desinteresado.

Si consideramos las actividades laborales como una

forma de ayudar a los demás, en lugar de promover el éxito y la reputación propios, lograremos abandonar nuestros motivos egoístas. De pronto, disolveremos nuestras tensiones laborales porque ya no sentimos ansiedad por los resultados. Y, curiosamente, los resultados profesionales serán mejores.

Nuestra vida nos fue dada para ayudar a los demás, no solo a nosotros mismos. Dar y recibir es una ley de la naturaleza, y siempre que experimentamos infelicidad en la vida, es porque hemos ido en contra de esa ley y hemos intentado recibir más de lo que dimos. La infelicidad es la forma en que la naturaleza nos recuerda que debemos participar en la ley universal de dar y recibir. Nos sentimos bien con nosotros mismos cuando damos a los demás y los ayudamos, pero nos sentimos mal cuando ignoramos sus necesidades y las pisoteamos para lograr nuestros propios fines.

Gran parte de nuestra infelicidad y sufrimiento proviene de que siempre deseamos algo para nosotros y, por lo tanto, rara vez somos capaces de realizar una acción verdaderamente altruista. En esencia, todos queremos ser felices. Creemos que lo que nos hace felices es la aprobación, la aceptación y el amor de los demás. También creemos que, para obtener esa aprobación y aceptación, debemos tener éxito y lograr cosas. Por eso, nos pasamos la vida esforzándonos por lograr el éxito, la influencia, el dinero y el estatus, con la esperanza de que, al lograrlo, nos sintamos felices.

No vemos a cuántas personas ignoramos y rechazamos en nuestro afán por alcanzar nuestras metas, que no son solo las de negocios y carrera, sino también otras metas sociales, como buenas relaciones, matrimonios felices, hijos de los que enorgullecerse y un hogar bonito. Incluso cuando alcanzamos las metas que nos hemos propuesto, no experimentamos la satisfacción y la plenitud que imaginábamos. Al principio podemos sentirnos aceptados, incluso queridos, por quienes nos rodean. Luego, empezamos a ver que, a menudo, otras personas nos hacen sentir bien, porque esperan algo de nosotros. La aceptación que nos pueden llegar a mostrar no se refiere a nosotros como personas, sino a lo que hemos logrado y lo que poseemos. Muchas personas exitosas descubren, al final de sus vidas, que el éxito es una ilusión: no les ha traído la felicidad. Hasta que no aprendamos a aceptarnos plenamente tal como somos, ninguna aceptación, aprobación o amor externo nos hará felices de verdad.

Por este motivo, paradójicamente, cuando olvidamos nuestras propias necesidades y servimos a los demás, tenemos una mayor capacidad de aceptarnos a nosotros mismos y sentirnos plenos y contentos con quienes somos y con lo que hacemos en nuestras vidas.

El servicio desinteresado, *karma yoga*, elimina la ansiedad por los resultados de nuestras acciones. También elimina la ansiedad de si recibiremos lo suficiente por nuestros servicios. Sabemos desde el principio que la recompensa material no es el objetivo principal, pues el objetivo principal es ayudar a los demás. Por lo tanto, la satisfacción se recibe en el momento, al realizar una acción. Cuando nos entregamos más a los demás a través de nuestro trabajo, experimentamos una profunda satisfacción y plenitud. No solo nos sentimos más aceptados, sino que sabemos que estamos respondiendo a nuestro deseo innato de dar. Por eso, los sabios siempre han dicho que es al dar cuando recibimos los beneficios de seguir nuestra naturaleza pura e interior.

Cuando somos egoístas, sufrimos las consecuencias de violar la ley más básica de la naturaleza: «dar y recibir». En este sentido, *dar es la primera ley de la naturaleza*. En el mundo natural existe un intercambio continuo, un patrón interminable de dar y recibir donde todo cambia constantemente y nada permanece estancado. El océano recibe agua del cielo solo para liberarla, y luego es absorbida por el cielo, donde se transforma en lluvia, se da a los ríos y, finalmente, regresa al océano. Los árboles dan sus semillas a la tierra, que las nutre y sustenta y, finalmente, produce nuevos árboles. Este patrón continuo de dar y recibir tiene una sola excepción: los seres humanos, somos los únicos que violamos esta ley y la reemplazamos con las leyes antinaturales de nuestro ego individual.

Cuando violamos las leyes de la naturaleza al recibir más de lo que damos, la pérdida de armonía natural en nuestro interior envía señales pránicas de que se ha creado un desequilibrio. Estas señales nos llegan como agotamiento, junto con sentimientos de miedo, soledad, frustración o depresión. A través de cada una de estas experiencias, la naturaleza intenta dirigir nuestra atención hacia la desarmonía fundamental que hemos creado dentro y alrededor de nosotros, por medio de nuestro egoísmo inconsciente.

Esta es la primera ley del ego y la fuente de gran parte del conflicto, la separación y la soledad que experimentamos. Cuando surge el egoísmo, la luz del amor se disuelve en la oscuridad de la ignorancia, pues ninguna otra forma de ignorancia puede herirnos tan profundamente. El egoísmo dice: «Quiero que me comprendas, lo entiendas o no. Quiero que me aceptes, lo quieras o no. Quiero que me ames, lo sientas o no». Solo conoce un camino: el de recibir. Nos ciega a las necesidades de los demás, porque solo nos vemos a nosotros mismos; los demás son simplemente los medios para alcanzar nuestros sueños egoicos.

El egoísmo puede incluso llevarnos a ignorar, manipular y herir a otros, en nuestro intento por alcanzar nuestras anheladas metas profesionales. Sin embargo, esas metas y deseos nunca podrán satisfacernos por completo, porque nunca tendremos suficiente. Una vez atrapados en nuestros deseos egoístas, nos esforzamos incesantemente y trabajamos continuamente, por miedo y para proteger y no perder lo que ya tenemos.

A menudo, nos encontramos en un conflicto cada vez mayor con los demás, pero somos incapaces de reconocer que la fuente del conflicto está en nuestro interior. Cuando somos egoístas, nos sentimos solos y separados de los demás, pero para sentir la cercanía que necesitamos, buscamos su comprensión e intentamos ganarnos la aceptación del otro en lugar de dar algo. Sin embargo, inconscientemente, también nos damos cuenta de que solo conseguiremos lo que queremos del otro si nos mostramos altruistas en todos los sentidos. Sabemos que el otro nos aceptará y confiará en nosotros en la medida en que parezcamos altruistas, así que nos disfrazamos de altruismo.

La solución es reducir nuestros deseos egoístas y aprender el verdadero altruismo, en lugar de aparentarlo. Si aprendes a dar sin buscar recibir, tu trabajo se transformará. Dar, así, es un arte. Solo cuando aprendes a dar sin esperar nada a cambio, recibes al instante. Incluso el recibir comienza antes de dar, porque energéticamente estás enfocado en dar y eso lo sienten las demás personas. Al dar experimentas una profunda alegría, es el regalo más puro. El verdadero arte de recibir es el genuino deseo de querer dar.

5. Vitalidad en las relaciones

Nuestros métodos de comunicación han evolucionado enormemente a lo largo de los milenios. Primero evolucionó en forma lenta la idea del lenguaje, luego los propios idiomas y después las formas escritas, desde los primitivos alfabetos pictóricos, pasando por la escritura cuneiforme, hasta los actuales alfabetos simplificados de letras de Occidente. Bien podríamos decir que la historia de la comunicación es la historia de nuestra civilización.

Un ejemplo fue la invención de la imprenta en el siglo xv, pues hizo posible que nuestras vidas influyeran en muchas personas y catapultó a la humanidad a una nueva fase de comunicaciones, en la que los intercambios ya no eran solo interpersonales. En los últimos siglos, hemos asistido a una explosión de los sistemas de comunicación, desde la máquina de escribir hasta la grabadora, desde la tecnología inalámbrica hasta el vídeo y la informática moderna.

Parece que ahora estamos inmersos en un mar de máquinas, porque nuestros ojos y oídos son bombardeados día y noche con mensajes. Donde antes la comunicación era un fenómeno aparentemente simple: una persona que recibía o enviaba señales a otra, ahora todos interceptamos, voluntaria o involuntariamente, millones de mensajes que llegan y provienen de la sociedad.

Nuestras técnicas y tecnologías de comunicación se han vuelto cada vez más sofisticadas, pues se pueden transmitir más mensajes, más lejos y con mayor rapidez, a más personas en más lugares, como nunca en la historia. Pero ¿ha mejorado la forma de comunicar nuestros sentimientos con claridad? ¿Sabemos escuchar realmente lo que siente el otro?

Lo primero es aprender a comunicarse con uno mismo. La tradición del Yoga nos habla de la práctica de la meditación para desarrollar sintonía espiritual en nosotros. Quizás no uses esas palabras para describirlos, pero sin duda has experimentado muchos momentos de sintonía espiritual en tu vida. Estos momentos se presentan de diversas maneras, dependiendo de tu personalidad, estilo de vida y creencias. Puede que en algún momento te sintieras en completa paz contigo mismo, cuando todo parecía transcurrir como debía y todas tus necesidades parecían estar satisfechas, todos tus deseos apaciguados o cumplidos. También, puede que lo hayas experimentado en un instante que se hizo eterno ante la belleza de la naturaleza, mientras paseabas por las montañas o junto al océano al atardecer.

Quizás uno de tus momentos de sintonía haya sido una tranquila sensación de calidez, plenitud y gratitud, al sentarte con tus seres queridos. Tal vez, te llegó como una sensación de profunda satisfacción y concentración al completar una obra de arte o una simple artesanía y te glorificaste en tu energía creativa. Acaso, puede que te haya llegado en un lugar de culto o en una oración privada.

Hay muchas maneras de desarrollar nuestra comunicación más íntima, que es la sintonía espiritual. El problema es que experiencias como las descritas anteriormente tienen una duración limitada. Van y vienen. Tras ellas nos sumergimos de nuevo en un mundo de trabajo diario, con todos sus intensos estímulos y dificultades percibidas, y dejamos de escucharnos.

Sin embargo, esto no tiene por qué ser así, pues la sintonía espiritual, como otros estados, puede cultivarse. Podemos aprender a integrar esa sensación tan profunda, satisfactoria y gozosa en nuestra vida cotidiana. De hecho, la experiencia de paz, alegría y satisfacción es un derecho de nacimiento como seres humanos, no una bendición especial que solo se nos otorga ocasionalmente.

El ingrediente básico de la sintonía espiritual parece ser una sensación de plenitud, de unidad. Imagina por un momento que eres violinista y estás a punto de tocar el violín como forma de comunicación. Primero debes asegurarte de que todas las cuerdas del violín tengan la tensión correcta; de lo contrario, el sonido que producirán no será armonioso. Asimismo, cada una de las cuerdas debe estar afinada en su tono correspondiente para poder «comunicar» la música que está destinado a transmitir.

Considera ahora el violín como un símbolo del ser humano. El instrumento humano tiene tres cuerdas:

cuerpo, mente y espíritu. Cada cuerda debe estar perfectamente afinada. El cuerpo debe estar en equilibrio biológico y la mente, clara y objetiva; el espíritu debe reconocerse como puro y libre. Tanto en nuestro ejemplo del violín como en el humano hay que afinar. En el ser humano, nuestro fundamento es el espíritu: el *prana* en su manifestación más sutil. Una vez que armonizamos nuestro cuerpo y mente con nuestro *prana* más corporal y emocional, descubrimos que estamos infaliblemente en sintonía con nuestro ser más íntimo, nuestro espíritu. Estaremos en armonía con la intensidad de la naturaleza misma, la vibración del universo: *spanda*. Con la práctica de la meditación afinamos nuestro *prana* individual, que siempre resuena en armonía con el *prana* universal.

La clave para la salud, la paz y la felicidad reside, pues, en aprender a sintonizar cuerpo y mente con el *prana* en cada momento del día. La meditación, por lo tanto, nos aporta calma para desarrollar una mente firme y tranquila. En cuanto la mente se calma y se vacía de pensamientos y deseos conflictivos, la verdadera sabiduría y la compasión comienzan a fluir en el espacio creado. Este vaciamiento es la fuente de toda creatividad, intuición y espontaneidad; una comunicación compasiva y sabia con nosotros mismos y los demás.

Así pues, la meditación es el proceso de apaciguar la mente para que pueda recibir la sabiduría, la paz y el amor universales, que paradójicamente ya están ahí, en lo más profundo de ti, esperando a ser contactados.

Con la práctica de la meditación, comienzas a disolver tu inquietud, tus gustos y disgustos intensos, tus apegos y miedos. Ya no ves la vida en términos de opuestos que debes buscar o evitar. Finalmente, cuando se domina, se convierte en un estado de quietud y éxtasis, experimentando una comunicación íntima. La meditación ayuda a quienes la practican a alcanzar la quietud mental que les permitirá conectar profundamente con su fuente interior de sabiduría. Por todos estos motivos, la meditación es parte esencial de un estilo de vida consciente y saludable, porque nos ayuda a estar más en sintonía con nuestro espíritu. Ya sea a través de la meditación o del sumergirnos por completo en silencio en algo que nos apasiona, como bailar, cantar, pintar o cuidar el jardín, experimentamos una forma de meditación o sintonía espiritual, porque nuestro cuerpo y mente se unen y armonizan en la actividad.

Con independencia de aquello que queramos comunicar, la energía comunicativa más «afinada» será clave en cómo nos relacionamos con los demás. No es tan importante lo que se diga, sino la energía que acompaña aquello que se dice; el lenguaje no verbal habla. No cabe duda de que la eficiencia de los sistemas de comunicación, como los libros, el cine, la televisión y la publicidad, está en su punto más alto. En la vida cotidiana, aún nos encontramos con que la verdadera comprensión entre personas a menudo se ve obstaculizada por problemas de comunicación. Cada interacción que tenemos con otro ser humano tiene el potencial de acercarnos más en amor y comprensión o, por el contrario, aumentar la distancia entre nosotros a pesar de que estamos más comunicados tecnológicamente. Entonces, ¿qué impide la verdadera comunicación entre las personas? ¿Cuál es el secreto de una buena comunicación entre dos o más personas?

Como hemos visto, cuando no desarrollamos una comunicación íntima, en sintonía espiritual, nuestra comunicación se hace inconsciente, por lo tanto, juzgará, y nos exigirá a cada uno y a los demás. Incluso aconsejará que nos comuniquemos con aquello que creemos que tenemos que hacer y que tienen que hacer los otros. De alguna forma, reprochamos, reaccionamos y buscamos siempre culpables. Nos apegamos a obtener un resultado. Si me comunico conmigo de forma inconsciente, en esencia estoy enviando hacia dentro una energía comunicativa de «yo tengo el problema», haciéndonos víctimas, o bien hacia fuera con una energía comunicativa de «tú tienes el problema». Cuando no somos conscientes de esta dinámica inconsciente producida por nuestros condicionamientos y creencias del pasado, creamos un lenguaje, sea el que sea, educado o no, que nos aleja de nuestra sintonía espiritual y alejamos a los demás. Así, con el tiempo nos agotaremos.

Cuando hay sintonía espiritual a través del silencio meditativo y estamos más presentes en nuestras sensaciones del cuerpo, el *prana*, no nos afectan tanto las cosas: tenemos más perspectiva, hablamos menos y escuchamos más; no nos tomamos las cosas tan en serio; tenemos en cuenta las necesidades propias y las del otro; nos comunicamos más desde el corazón intuitivo, que no tiene conocimiento pero sí sabiduría.

Cuando no estamos en las sensaciones del cuerpo es más probable que actuemos desde el miedo y la necesidad de protegernos. Nuestro corazón se cierra y desafinamos en nuestra comunicación.

Lo importante es que aprendas a identificar cuándo actúas desde el miedo y has perdido tu sintonía espiritual, para poder volver a recuperarla y no clasificar las acciones comunicativas como buenas o malas, sino buscar ser consciente de tus reacciones y aprender de ellas.

Por ejemplo, si hemos reaccionado de forma violenta, en lugar de castigarnos con culpa, podemos preguntarnos lo siguiente: con las condiciones que tenía en ese momento, ¿qué podía haber hecho diferente? ¿Qué me ayudaría la próxima vez? Estas preguntas pueden ayudarte a transformar la manera en que te comunicas, y pasar de una forma violenta a una forma compasiva. Pero no busques la perfección, sino la conexión, la autocompasión y el aprendizaje. No se trata de que dejes de tener miedo o de aspirar a estar siempre sintonizado espiritualmente, sino de encontrar maneras más amables de tratarte cuando actúas desde la mente condicionada y menos desde el corazón.

Cuando amamos de verdad, nos alegramos con los demás y sentimos compasión por ellos. Cuando descubrimos y aprendemos a relacionarnos desde ese centro interior de calma, todos los que se nos acercan reciben nuestro regalo de amor gratuito, porque solo hay una manera de recibir amor, que es dar amor. Solo cuando damos libremente somos capaces de recibir, porque, al dar, recibimos alegría interior y ¡esa alegría es lo que anhelábamos! Muchas personas cuidan mucho el amor que dan y observan atentamente si es correspondido en la misma medida.

En realidad, no solo no hay forma de medir el amor, sino que el amor dado con el deseo de ser correspondido ni siquiera es amor, pues es un contrato. Así que, si queremos ser amados, debemos dar amor con total sinceridad, sin pensar en recibir nada a cambio.

El amor requiere de práctica continua, porque a medida que progresamos en desarrollar más sintonía espiritual a través de la meditación, dejamos de rechazar a los demás y de albergar pensamientos negativos, porque los aceptamos tal y como son. Cuando surgen dificultades entre nosotros y alguien, la solución es comenzar a observar y reconocer las hermosas cualidades que hemos reconocido en la otra persona.

A medida que recordamos todo lo que admiramos y amamos en esa persona, descubrimos que nuestros gestos, nuestras palabras y nuestra mirada comienzan a cambiar. Pronto, descubrimos que la otra persona comienza a sentir instintivamente nuestra energía de aceptación y amor sin que la expresemos con palabras. Crece en el otro la confianza de que nuestra perspectiva se ha vuelto amable y receptiva y de que él, o ella, es aceptado y amado sin condiciones. Por este motivo, aprender a sintonizarnos espiritualmente es la forma de comunicación más poderosa para mejorar nuestras relaciones.

6. El florecer del espíritu

Vivimos en un mundo que nos empuja «hacia fuera». Un mundo lleno de estímulos, donde estamos constantemente expuestos a una avalancha de información, solicitudes, ofertas, opiniones y entretenimientos que compiten por nuestra atención y que drenan nuestra energía. En el ambiente laboral, el ritmo acelerado, la presión por los resultados, la competitividad, así como la incertidumbre de los escenarios, nos exigen cada vez más. También en la vida personal nos sentimos frecuentemente ansiosos, insatisfechos, confusos o perdidos y vacíos.

Perdemos con facilidad el sentido de lo que hacemos, del por qué lo hacemos y del para quién lo hacemos. Nos volvemos muchas veces dependientes de la aprobación, del reconocimiento, de la comparación y de la competencia con los demás. Enfocados en el hacer y en el tener, nos sentimos desconectados de quienes somos y de lo que realmente es importante para nosotros.

Esta realidad es fácilmente reconocida por muchos y empezamos a tomar consciencia de sus consecuencias y a buscar una salida para sentirnos mejor, más felices, más sanos, más vivos. La búsqueda de una solución rápida nos lleva a menudo a recurrir a factores que enmascaran nuestro sufrimiento, como el alcohol, las drogas u otras sustancias adictivas. Nos lleva también a la búsqueda de soluciones externas, que muchas veces no integramos, acumulando información a través de cursos de sanación exprés, técnicas milagrosas, libros o consejos de motivación.

Conviene entender que nuestro ego, con su deseo de tener razón y control siempre, con su necesidad de ser la estrella de nuestro cambio, acepta felizmente la responsabilidad de esa búsqueda. Sin embargo, por ser el ego, cualquier sabiduría espiritual la emplea solo para inflarse a sí mismo. Por ejemplo, después de haber asistido a algún retiro de crecimiento personal, nuestro ego puede llegar a decirnos con orgullo lo siguiente: «Yo soy mucho más maduro espiritualmente que los demás». El deseo de compartir conocimientos y experiencias espirituales sale del deseo de nuestro ego de elevar su estatus, para ser considerado como alguien especial, más avanzado y le encanta escucharse: «Mírame, soy tan *cool* y espiritual que ofrezco sanación a los demás». Esto puede terminar en ira y frustración, y cuando ya no puedes más, puedes llegar a decirte: «¡basta!». Entonces, dejas de jugar a este juego y ya no te muestras ante los demás como tu ego quiere que te vean.

La consecuencia de esta actitud es que no aprendemos y no cambiamos desde nuestras raíces, porque nuestro ego está entretenido mientras imitamos una práctica espiritual con su sentido falso de estar avanzando y, sobre todo, elevando nuestro estatus. A esta tendencia egoica se la llama «materialismo espiritual». Un término que acuñó el gran maestro tibetano Chögyam Trungpa como respuesta al movimiento social y espiritual *new age* de Estados Unidos. El materialismo espiritual es la creencia de nuestro ego de que cierto estado mental temporal y de consumir experiencias espirituales es un refugio del sufrimiento. Un ejemplo sería usar prácticas de meditación para crear un estado mental tranquilo o consumir hierbas medicinales para alterar los estados de consciencia, con el fin de experimentar temporalmente un estado de aturdimiento o euforia. Si consumimos experiencias espirituales, pero no hay continuidad y compromiso en la vida cotidiana, la transformación no será posible. Pero nuestro ego quiere sentirse grande e importante y no incómodo, humilde y paciente.

Así, cuando las cosas se vuelven incómodas, nos frustramos, dejamos de practicar y nuestro ego busca algún tipo de consumo espiritual para sentirse reconfortado. En los años sesenta, en los años de la libertad espiritual, existía una frase que resumía esto perfectamente: «He estado allí, he experimentado esto y he comprado la camiseta».

Tu verdadera espiritualidad consiste en un reconocimiento y en una mayor madurez de tu ego. Para ello, necesitas de un compromiso honesto y profundo con alguna tradición espiritual que sea madura y abierta, o con alguna práctica eficaz, que te acompañe a lo largo de la vida. De este modo, podrás transformar, poco a poco, tu corazón al estar presente con aquello que surge en tu interior.

Por este motivo, la tradición del Yoga, así como otras tradiciones contemplativas del mundo, nos proponen otro camino, que se resume con esta mágica frase: «La salida está dentro». Esto significa que la solución a nuestros problemas y desafíos, sean ellos personales o sociales, está, sobre todo, dentro de nosotros mismos. Esta perspectiva revolucionaria y radical requiere de una actitud de guerrero o guerrera espiritual: mirar sin rechazo aquello que está presente en nuestro interior. Con constancia. Por ello, en vez de buscar soluciones externas para nuestros problemas internos, es fundamental hacer una pausa para reconectarnos con nosotros mismos y con el momento presente. A través de la práctica de la meditación, dejamos de huir de nuestro sufrimiento para afrontarlo con consciencia y compasión. Llegará un momento en que nada te sacará de tu conexión más íntima.

Piensa en esta imagen: cuando miramos un árbol durante una tormenta, vemos que sus ramas y hojas se balancean violentamente hacia delante y hacia atrás con el viento y tenemos la impresión de que no será capaz de resistir la tormenta. Como el árbol, a veces nos ponemos muy agitados o irritados cuando encontramos dificultades, pero, si miramos más profundamente, vemos que, al mismo tiempo que las ramas y las hojas se balancean, una parte del árbol está sólida, inmóvil y profundamente enraizada en el suelo, y no se ve afectada por la tormenta, que representa nuestras condiciones externas, nuestras circunstancias y nuestro ambiente. Las ramas y las hojas representan nuestros pensamientos y nuestras emociones, así como el tronco y las raíces representan nuestra verdadera naturaleza, nuestra esencia, nuestra estabilidad. No podemos controlar la tormenta, pero podemos controlar cómo respondemos ante ella. Podemos aprender a ser como el tronco y las raíces del árbol, calmados y enraizados en nosotros mismos, para así poder afrontar mejor el contexto desafiante en que vivimos.

Es importante que te des cuenta de que a veces este «camino hacia dentro» puede ser demasiado exigente y no debes hacerlo solo, pero no pienses que es un acto egoísta, al contrario. Es una forma de autocuidarte y autorregularte a nivel del sistema nervioso, para así estar más conectado contigo mismo y con los demás, cultivando presencia, gratitud y amabilidad. Sin enmascarar aquella realidad que te duele, sino preparándote para afrontar la vida tal como es. De este modo, accedes a tu verdad interior y la llevas a una expresión más plena, llena de vitalidad, de celebración y de transformación dentro de ti.

Así como los inviernos dan paso a las primaveras, la tuya brota de la gestación de tu invierno, inundando todas las dimensiones de tu ser. Porque la primavera, el brote de las semillas, es la evolución en ti mismo. Despiertas más plenamente al hecho de que has estado sumido en la ilusión, que has vislumbrado la verdad y que ahora se trata de construir tu vida desde esa verdad. Como el budismo Zen nos indica: «Sentado tranquilamente, sin hacer nada, llega la primavera y la hierba crece sola». Esta es la base de todas las tradiciones de sabiduría milenaria del mundo y esa sabiduría está viva en ti ahora.

Todo en tu vida apoyará esta evolución. Tu primera y más importante práctica es la meditación, el silencio interior, para nutrir tu cuerpo, mente y espíritu. Desarrollando el silencio interior aumentarás el equilibrio y la consciencia para que ahora puedas permanecer despierto, cultivando el dominio del amor sobre el miedo y la verdad sobre la ilusión.

La primavera trae un florecimiento del amor hacia ti mismo. Así es como eres cada vez más capaz de experimentar el amor por los demás. Ellos, como tú, han sido seducidos y asfixiados por un yo ilusorio, con sus heridas del pasado y condicionamientos de la cultura y la sociedad moderna. ¿Puedes amarte tal como eres? ¿Puedes aceptar a los demás como son, conociendo la misma vida que los empodera a todos? No tienes nada sin esta fuerza vital. Celebra la llegada de la primavera simplemente estando vivo y amando la experiencia de vida que tienes. Como dijo Rumi, el poeta sufí: «La herida es por donde entra tu luz». Sé disciplinado con el camino que elijas y despertarás de tu letargo en la ilusión de tu propia hibernación personal.

El poder del círculo de fuego sagrado

En las más antiguas tradiciones de Yoga basadas en los *Vedas*, el camino de la felicidad y el amor se describe como un viaje *compartido* hacia la autenticidad. El mayor regalo que podemos concedernos es nutrir nuestras almas para que seamos más auténticos. Tu vida, al igual que la mía, se revitaliza cuando somos la verdad y la compartimos sin juicio, siendo plenamente honestos con aquello que se siente. Aunque el dolor y nuestras alegrías las compartimos todos, hay un hilo común que nos une.

Cuando estamos abiertos a dar y recibir, sentimos una conexión auténtica entre seres humanos alrededor del *satsang* (el círculo de fuego sagrado): un ritual ancestral presente en todas las tradiciones contemplativas del mundo, como en el budismo, el sufismo o el chamanismo. Cuando abrimos un círculo alrededor de un fuego para compartir aquello que sentimos desde el corazón sobre un tema acordado, se genera intimidad y un momento sagrado. También, se pueden recitar mantras al principio, crear una ofrenda –*puja*– o agradecer. Durante el *círculo de fuego sagrado*, todo es bienvenido cuando es honesto y sentido. Podemos estar en silencio o hablar desde aquello que sentimos, derramar lágrimas, compartir un poema, o cantar aquello que sentimos que es verdad para nosotros en ese momento. En esencia, nos elevamos a una forma de relacionarnos en nuestra existencia más sabia y compasiva.

El secreto de un *círculo de fuego sagrado* con base en la sabiduría y compasión está en permitir que el miedo, sea el que sea, aflore como un loto y esté presente en ti. Lo respiramos, abrazamos sus sensaciones corporales y, de esta forma, podremos sanar el dolor que hay detrás del miedo. Entonces, te sentirás agradecido, porque cuando sientes gratitud por lo que eres y tienes, atraes mayor abundancia y empiezas a experimentar la vida de una forma vibrante.

Sentarse alrededor de un fuego está siendo una forma eficaz de comunicación y conexión humana y espiritual. Se ha demostrado que este espacio permite que surja una conexión más profunda, más honesta e íntima entre sus participantes. El círculo sagrado tiene la capacidad de que se produzca sanación y claridad. Se ha llegado incluso a utilizar en los centros de rehabilitación para brindar escucha y apoyo; en las escuelas, para crear climas positivos en el aula entre profesores y alumnos; en las empresas, para generar armonía entre equipos de trabajo; e incluso en los servicios sociales, con víctimas de violencia, para desarrollar sistemas de apoyo más orgánicos destinados a las personas que luchan por tener voz, y, claramente, en contextos espirituales de otras tradiciones espirituales y religiosas.

Por este motivo, siempre se dice en la tradición que tu fe y confianza son el vehículo para pasar de las viejas formas de ser y hacer a las nuevas formas. Si el *satsang* es establecido con confianza y fe, desde el silencio y la apertura íntegra, estamos preparados para no dudar o cuestionarnos. Descubrirás que la belleza de vivir está en compartir el camino y que no necesitamos tanto para ser felices. Hará que momentos con la naturaleza, los animales, o una simple taza de té viendo el atardecer con los amigos o la pareja, cobren otro nivel. Te llenarás de energía y de fuerza vital. Encontrarás más confianza en escucharte interiormente, de formas más sutiles y que te acercan al *alma* que te hablará con claridad.

Entonces, una nueva vida donde reine el amor será posible. Estarás completamente abierto a cada compañero y compañera que comparte su palabra *o* su silencio, su sentir y respiración o el mismo impulso del universo, de la vida y de cada momento. Nos anclamos en el aquí y ahora, porque «no se necesitan muchas palabras para decir la verdad», como nos recuerda este bello proverbio nativo americano.

Por todos estos motivos, te invito a que sientas quién eres en el *satsang*, porque el círculo, como tu vida, es un momento sagrado. Nuestros ancestros lo hicieron durante milenios. Aunque nuestra forma de vivir esté relacionada con no sentarnos a escucharnos, con aquello que está presente, hoy en día el círculo de fuego sagrado, *satsang*, es más necesario que nunca, porque se vive el fruto de nuestra intención más profunda: la de compartir el camino hacia la autenticidad. Recuerda esta máxima, que tanto me decían: *el círculo de fuego es la vida misma*. Si te paras a compartir el fuego de tu corazón, recibirás amor y allá donde vayas solo verás amor.

El sufrimiento solo se produce cuando nos resistimos a aquello que necesita ser comprendido y liberado para vivir los sucesos de la vida desde la libertad. Sin embargo, cuando no experimentas tu conexión más profunda, no te respetas, no ves tu cuerpo como el templo de luz que eres, refuerzas el karma instalado en tu cuerpo y vuelves a relacionarte sin amor a ti mismo y a los demás. Vives agotado, sin energía, sin ilusión y, entonces, sufres.

Por este motivo, *en el círculo de fuego sagrado es importante sentirse agradecido*, porque al centrar nuestros pensamientos en la idea de la gratitud, comenzamos a ver el mundo de una manera nueva, bajo una luz nueva. Nos volvemos receptivos a nuevos comienzos y posibilidades. ¡Qué perspectiva más transformadora y sanadora!

Cuando sentimos agradecimiento apreciamos la vida desde una perspectiva más amplia, una perspectiva humana y humilde. Vemos las cosas por encima de la percepción egoica y ganamos un nuevo sentido de que todo está bien en nosotros y en nuestros seres queridos. Damos gracias por nuestra salud, nuestros hogares y nuestras familias. Damos gracias por los amigos y las formas en que podemos expresarnos, mediante nuestros trabajos, nuestra creatividad, nuestra pasión por la vida. Cada pensamiento de gratitud que mantenemos es un bálsamo sanador que transforma nuestras vidas.

También, *en el círculo de fuego sagrado se nos invita a sentir aquello que más duele, a sentirnos vulnerables.* Pensamos que la vulnerabilidad es signo de debilidad.

Siempre que nos encontramos en una situación que exige que seamos vulnerables, empezamos a sentirnos amenazados e intentamos fingir que nada nos molesta. Pero sabemos que es el miedo lo que nos frena a abrirnos y a sentirnos vulnerables.

Cuando éramos niños no conocíamos barreras, ni el miedo o el fracaso. Solo conocíamos la vida y vivíamos nuestra imaginación sin ningún temor. Sin embargo, el amanecer de la edad adulta trajo consciencia de los fracasos, las barreras y de nuestros propios defectos. Teníamos estas lentes negativas en nuestros ojos, lo que nos hizo mirar lo que el mundo nos ha estado diciendo a medida que crecimos. Luego, tuvimos demasiado miedo de ser vulnerables, a bajar la guardia y ver que todos tenemos más en común que lo que no tenemos.

En el círculo de fuego sagrado aprendemos a presentarnos y a permitirnos ser vistos, a compartir nuestras historias y permitir que otras personas hagan lo mismo. Pero lo mejor de esa apertura que hacemos es que la vulnerabilidad es contagiosa, genera empatía y nos acerca a las personas, haciéndolas sentir menos inseguras, menos solas. La vulnerabilidad ocurre cuando te fusionas con tu yo auténtico, en lugar de esconderte detrás de una fachada para complacer las demandas y opiniones de los demás.

Una cosa es sentirse vulnerable y otra muy distinta permitirse ser vulnerable. No necesitamos enmascarar o negar nuestra vulnerabilidad. Es nuestro mayor activo, y nuestra voluntad de ser vulnerables es la mayor fortaleza que un ser humano puede poseer. Ahí es donde vive nuestra expresión más verdadera de la experiencia humana, porque es parte de una comprensión más amplia de que no nacimos para ocultar. Te abres al infinito al exponerte a la apertura emocional y a la vulnerabilidad, que es el útero de la innovación, la creatividad y el arte.

Cuando nos permitimos ser vulnerables, reconocemos y aceptamos el hecho de que todos, de una forma u otra, en algún momento u otro, somos imperfectos. Definitivamente, no es cómodo, pero te sientes vivo. La realidad de que te sientas vivo es la de que también te sientas vulnerable. No evites tu crudeza interior. Das la bienvenida a la experiencia tal y como es en forma de personas, situaciones, realizaciones y cosas, pues allí es donde reside nuestro poder. Como una vez escuché a mi maestro responder a un discípulo del linaje que le preguntó:

–¿Qué sucede cuando la gente abre su corazón?
–Sienten paz y dicha –dijo el Maestro.

Por último, *en el círculo de fuego sagrado también se nos invita a perdonarnos y a perdonar.* Quizás no todas las personas que encontremos en el viaje de la vida nos darán una buena impresión, algunas darán una mala impresión o pensaremos que son malas, aunque realmente esperamos que sean buenas. Las personas pueden actuar como quieran porque no somos sus dueños.

Quizás perdonar parezca fácil, pero también es difícil para algunos de nosotros. A veces, queremos correr y escondernos, pero no podemos negar que nuestro corazón no puede mentir y podemos llegar a sentir una sensación de opresión en él. Pero ¿hemos pensado alguna vez por qué nos centramos en los errores propios y ajenos?¿Por qué nos resulta tan difícil centrarnos más en la bondad que en el error?

El arte de perdonar no trata solo de pedir perdón con las palabras, perdonar también es una acción que se siente. Por lo tanto, no hay venganza y no hay rencor en el corazón. Hacemos las paces con nosotros mismos y hacemos las paces con quienes nos han hecho daño. Al perdonar, también seguiremos intentando hacer el bien, aunque los demás no sean del todo buenos con nosotros.

En algunas circunstancias, el perdón es un proceso, pero, si no entramos en ese proceso, nuestra energía se agotará. Requiere de mucha energía no perdonarse o perdonar al otro. Dejarlo todo, aunque sea difícil, creará una sensación de paz y de calma y nos permitirá vivir la vida al máximo. El arte más hermoso del perdón es cuando somos capaces de aceptar todas estas cosas. Aceptar las cosas que nos duelen o nos hacen querer enojarnos para que podamos coger más fuerzas y seguir adelante. Al perdonar, podemos replantear estos recuerdos amargos a fin de convertirlos en una fortaleza gracias a la aceptación.

Para llegar a ese punto, necesitamos reconocer la ira o la tristeza que experimentamos. Lo principal es no esperar a que seamos fuertes para poder perdonar, sino que cuando estemos decididos a perdonar seremos fuertes; porque somos grandes si nos atrevemos a perdonar y estamos dispuestos a pedir perdón por nuestros errores.

Como expresa este escrito que nos leían en ocasiones en el *ashram*:

> Nunca observamos atentamente la calidad de un árbol; nunca lo tocamos para sentir su solidez, la rugosidad de su corteza, para escuchar el sonido que le es propio. No es el sonido que produce el viento en las hojas, ni la brisa de la mañana que las hace susurrar, sino un sonido propio, el sonido del tronco, y el sonido silencioso de las raíces. Hay que ser sumamente sensible para captar ese sonido. No es el ruido del mundo, la verborrea del pensamiento, ni el ruido de las disputas humanas y de las guerras, sino el sonido propio del universo. Así como aprendemos a escuchar y también a ver y a amar, para el que sabe ver, todo es transitorio; para el que sabe amar, todo es perdonable.

El arte del perdón no es solo paz. Perdonar es reconfortante y crea un corazón abierto y conectado con el espíritu, que nos dará grandes recompensas. En el perdón no se trata de otras personas, se trata de tu relación contigo mismo, de lograr la conexión en tu interior. Cuando tu corazón está en paz, tu cuerpo está sano. Desde ese momento, empiezas a vivir la magia de tu nueva vida.

7. Ofrendas de Intención

Hace mucho tiempo, en las tierras de la India, se encontraba, en las orillas del río Ganges, una mujer muy enferma con su recién nacido en sus brazos. En su último atardecer, se acercó un hombre, un sacerdote honrado y de buen corazón. Sintió el impulso de atenderla y consolarla. Se detuvo al lado de ella y las palabras que iba a decir se congelaron totalmente en su corazón. Solo pudo permanecer en silencio. Estaba asombrado ante el gran brillo que de ella resplandecía. «Había dicha en ella», pensó él. Momentos más tarde, la mujer le contó con una leve sonrisa los sufrimientos y las alegrías que tuvo que vivir en su corta vida.

El sacerdote llegó a sentir que esta mujer moría con la certeza de haber sido invitada al banquete de la vida para vivir lo que tuvo que vivir con plena aceptación. Y esto era lo que la vida le había dado, una vida sufrida y celebrada, pero llena de libertad.

El amor y la dicha que emanaban de la mujer le tocó profundamente al sacerdote. Y solo podía estar ahí, en los últimos rayos del día de un cielo rojizo. En ese instante, entregó su bebé al sacerdote, la mujer cerró los ojos y sus brazos cayeron. Con lágrimas de dicha recorriendo su rostro, el sacerdote se dijo en silencio: «La vida es un milagro. La felicidad y el sufrimiento van juntos. No se pueden separar».

Quiero que comprendas que el dolor es una energía y debes estar dispuesto, en todo momento, a dejar que esa energía fluya y se mueva por tu cuerpo, a permanecer consciente ante el dolor y a trabajar con tu corazón a base de relajarte y mantenerte abierto, porque, si te relajas, el dolor seguirá su camino a través de ti y se irá. Si te cierras en torno al dolor emocional e impides que te atraviese, se quedará en ti. Decir sí al dolor es en realidad decir sí a la totalidad de la vida. Cuando no mostremos resistencia a la energía del dolor, por muy dolorosa que sea, empezará a ablandarse.

Se trata entonces de sentirlo, simplemente eso. Porque, además, el dolor es inevitable y resistirse a él se convierte en sufrimiento, lo que los budistas llaman «el dolor del dolor».

Nos hemos acostumbrado a enjuiciar como bien o mal cualquier situación que vivamos, abriéndonos o resistiéndonos a ellas en función de las preferencias de nuestra mente. Pero tu proceso espiritual consiste en entender que la vida no es lo que quieres y esperas, sino la energía que está presente en ti. De si hay *ojas* o no. Cada momento te trae exactamente lo que necesitas para saber hacia dónde te diriges.

Entiende que la vida te empuja a vivir situaciones para que te enfrentes a tus grandes miedos con el único objetivo de que seas más consciente de la oscuridad, te libres de ellos y avances. Pero si no eres consciente, la vida te irá repitiendo kármicamente la misma experiencia, una y otra vez. Tienes que comprender, en lo más profundo de tu corazón, esta verdad: *la vida no te permitirá vivir una experiencia nueva hasta que hayas sanado esos miedos y esos patrones mentales inconscientes.* Entonces, todo lo que nos ocurre en la vida dejará de ser definido como bueno o malo, porque en realidad es simplemente perfectamente imperfecto.

El flujo de pensamientos nos lleva al pasado o al futuro, creando ansiedad y alejándonos de la creatividad, el asombro y la inspiración, nublándonos la perspectiva e impidiéndonos la visión de lo que la vida nos pone por delante. Pero ¿qué pasaría si, en lugar de dejar de respirar cuando tenemos miedo, empezáramos a respirar un poco más profundamente de lo que acostumbramos a hacer?

Quiero que sientas el poder de que quedarte quieto un momento implica que respires de forma consciente. Porque cuando respiras de forma consciente, respiras hacia tu cuerpo y empiezas a habitarlo, a sentirlo, a alinearte con el presente, y es en el presente donde la fuerza vital ocurre. El presente es el único lugar donde se puede empezar a vivir algo completamente nuevo, es lo que convierte nuestra vida en algo más que aquello que nos duele o nos da miedo.

El secreto de la salud, tanto para la mente como para el cuerpo, no reside en lamentarnos por el pasado, ni en preocuparnos por el futuro, sino en vivir sabiamente el momento presente.

Bajo cualquier circunstancia, entiende que todas las relaciones que tenemos en la vida se dirigen a disolver nuestros miedos, ya sea tu relación con la alimentación, con el trabajo o con los demás. La vida nos pone por delante nuestro mayor miedo para que podamos afrontarlo y dejar que se vaya. La vida es sabia y ella se encarga de llevarnos hacia nuestra realización más gozosa en cada momento, sea lo que sea que estés viviendo.

Créeme, la plenitud de la vida solo será posible si te amas. Cuando eres consciente de esta verdad, comprendes la mayor enseñanza espiritual, porque nadie puede darte ese amor, y te sentirás lleno de vida. Descubrirás que todo está bien y que todo estará bien. Dejarás de criticarte y de sentirte víctima. Como dijo Krishna: «El yogui que se gobierna a sí mismo –lo que significa que su mente está totalmente bajo su control– y al ser su alma en una unión incesante con el Espíritu del universo, alcanza la paz...».

Intención de sentir

Algunos años después de mi experiencia en el desierto de Mojave, continué experimentando las manifestaciones más sorprendentes de la realidad que había llegado a llamar Fuente.

Alguna vez en el *ashram* en la India, mi gurú, discípulo directo de Yogananda, aparecía públicamente en ocasiones especiales para saludar a los muchos que venían a honrar sus enseñanzas, así como su palpable presencia energética, y recibir sus bendiciones. Había tardes en que se sentaba en el patio dentro del recinto central del *ashram* y recibía a largas filas de personas que le presentaban sus tradicionales ofrendas de coloridas guirnaldas de flores, cocos, varitas de incienso, frutas y otros obsequios. Tocaban sus pies, pero lo que me sorprendía era ver cómo algunos sentían una energía que les inducía a una profunda meditación. Aunque esto era normal dentro de la cultura de la India, honrar al maestro viviente, no dejaba de sorprenderme cómo al entrar en contacto con un maestro se sentían en dicha. Nosotros los residentes jóvenes ocupábamos nuestro tiempo con prácticas de yoga y otras responsabilidades, que incluían trabajo de oficina, trabajo de cocina, tareas de limpieza y jardinería.

Un día encontré a mi maestro en el patio al terminar una de sus clases matutinas. Yo estaba de pie en la parte de atrás a unos diez metros de él. Simplemente estaba observando y, de repente, la energía explotó dentro de mí y enseguida se expandió hacia fuera, desde el centro de mi columna, e inundó todo lo que me rodeaba.

Mientras lo miraba, él me miraba directamente con sus ojos relucientes, que no parpadeaban. Podía ver en ellos el infinito en su interior. Me sonrió con pureza, era una sonrisa realmente bella, angelical. Comencé a sentir una fuerza llena de vida y, al mismo tiempo, de paz.

Al ser un nuevo residente, pensé que estaba a punto de volverme loco. Nunca había sentido mi corazón tan abierto. ¡Como si respirase! Solo podía seguir siendo un testigo sin ningún control sobre lo que estaba sucediendo.

Poco a poco, me dirigí al tejado superior y encontré un lugar a la sombra de unos árboles de mango, donde pude sentarme sin interrupciones. Había paz dentro y fuera de mí. Descansé en la simple sensación de ser. El sol estaba saliendo, la gratitud llenó mi corazón por todo lo que estaba recibiendo y ninguna palabra lo podía describir. Estaba consumido en la inmensidad del momento presente.

Por este tipo de experiencias, y en las ocasiones que pude estar ante la presencia de mi maestro, sentía que mi corazón se abría de par en par, como si hubiera vuelto a casa. Me sentí incondicionalmente amado. En sus ojos solo veía luz. Me dijo: «Sigue siempre tu corazón». Todavía me conmueven esas palabras.

Cuando conectamos con nuestra alma, nuestro corazón se abre, y nos sentimos parte de todo. Nos sentimos vivos. El estrés, la ansiedad o incluso la depresión dejan de formar parte de nuestra vida. Sentimos que todo cobra sentido, hay esperanza, mantenemos la calma en los momentos de tristeza o de dolor, nos sentimos llenos de bondad y claridad, tenemos fe en algo más. Con el tiempo, desarrollamos la capacidad de recordar siempre que somos más que el cuerpo y la mente, más que las células y neuronas. Somos seres espirituales viviendo la experiencia humana.

Hoy estoy convencido de que el viaje de mil kilómetros no empieza con el primer paso. Empieza desde un impulso que se siente y nace desde el silencio interior, como si una llama interior se encendiera de repente. Algunas personas sienten que la espiritualidad no les aportaría mucho a sus vidas, más allá de su territorio ya conocido; otras se sienten atrapadas entre muros de dolor o bloqueadas interiormente; otras se sienten paralizadas por sentirse vulnerables, por el miedo, la duda o creencias que han adoptado desde temprana edad.

Los condicionamientos del pasado son tan poderosos que llega un momento de nuestra vida donde todo está oscuro. Vivimos con automatismos inconscientes. Somos víctimas de las creencias que nos transmitieron. Enfermamos cuando entramos en conflicto. Por ejemplo, la depresión se ha convertido en una enfermedad silenciosa que se está expandiendo y su raíz la encontramos en nuestra desconexión más profunda con nuestro *corazón espiritual* (*sahridaya*).

Si somos capaces de darnos cuenta de esta verdad, cuando realmente estemos dispuestos a crear cambios en nuestra vida, sentiremos una fuerza muy poderosa que nos llenará de energía. Si entras en el proceso de cambio consciente, entrarás en el río de la sabiduría y de la compasión. Tu vida se transformará de una manera inimaginable. Sentirás cómo la plenitud, la alegría y el agradecimiento están íntimamente relacionados con servir a los demás. Hay una historia en la India que ilustra este propósito de vida:

En un reino lejano de la India se encontraban dos discípulos que tenían la curiosidad y el deseo de saber sobre el Cielo y el Infierno. Un día se acercaron al maestro para hacerle algunas preguntas. Una vez dentro del templo le preguntaron:

–Maestro: ¿qué diferencia hay entre el Cielo y el Infierno?

El maestro respondió después de una pausa:

–Hubo un día en que un grupo de hombres y mujeres se reunió en círculo para comer alrededor de una cacerola muy grande de arroz y legumbres recién cocinadas. Pero las cucharas de madera que utilizaban para comer eran más largas que sus brazos. Sin romper el círculo sagrado, no conseguían llevar a sus bocas la comida al ser las cucharas más largas que sus brazos. Por un momento, la ansiedad y la frustración se instaló en todos ellos. Después de un silencio, todos los presentes volvieron a su respiración y conectaron con su corazón. Se sintieron en paz y sonreían porque decidieron darse de comer los unos a los otros.

Necesitas tener un ferviente deseo de querer ser más consciente y de querer poner en práctica estas enseñanzas. Verás cómo el miedo dejará de guiarte y sentirás más tu corazón, que se abre con relación a ti y a los demás. Porque como una vez escuché en el *ashram* sobre el fruto de una vida vivida, respirada desde el corazón: «Así como cuando una rosa se abre y la brisa esparce su perfume, cuando un ser humano abre su corazón, su entorno cambia y el aroma de su alma se esparce por todas partes».

Intención de agradecer

Durante generaciones, en las tradiciones del Yoga se han transmitido las enseñanzas de la escritura sagrada de la India, la *Bhaghavad Gita*. En él, el príncipe Arjuna, uno de los héroes del poema épico hindú, se sentía abrumado por su vida, sin fuerzas y, tirando al suelo su arco y flecha delante del dios Krishna, le mostró su sufrimiento y frustración de no saber cómo vivir, de cómo luchar. Arjuna le dijo: «Mi cuerpo tiembla, mi boca está reseca, mis miembros flaquean, mis cabellos se erizan. El arco se me escurre de la mano y mi mente se tambalea. Me cuesta incluso permanecer en pie. Krishna, yo no busco la victoria sobre mis presentes enemigos. No busco reino ni comodidad».

Krishna le dijo: «La acción es tu derecho de nacimiento, no el resultado, no los frutos de esta. No dejes que los frutos de la acción sean tu objetivo y no te apegues a la inacción. Sé activo y dinámico, no busques recompensa alguna». Y añadió: «Yoga es ecuanimidad. Yoga es la diestra sabiduría en acción, porque un yogui es aquel que ha amaestrado sus acciones que nacen desde del alma, del espíritu, sin apego, sin expectativas, y ha quemado su karma desde el fuego del corazón convirtiéndose en una persona sabia y compasiva».

Arjuna empezó a sentir amor hacia las enseñanzas de Krishna. Empezó su transformación para vivir su vida en armonía y con propósito consigo mismo y su entorno.

Entiende que eres energía y que todo a tu alrededor está hecho de la misma fuerza vital. Eres vibración de amor, y eso lo sientes cuando no hay miedo en ti, así que no te defiendas, no te distraigas de tu propósito, de tu misión en esta Tierra, tú sigue caminando, no te salgas de tu centro, vive en ti, respira, observa más dentro de ti y conectarás con el exterior, para que puedas meditar en eso que te quita la paz, la armonía, en este momento, y agradece ese dolor por aquello que te ha enseñado para que evoluciones.

Convéncete a ti mismo y no convenzas a nadie, y que sigas tu camino para ser auténtico, para que tu luz siga brillando y brille tanto que te empuje a hacer las cosas que realmente amas, sin importar lo que piensen los demás de ti.

Cree en ti. Convéncete de que todo realmente está bien; incluso las cosas que no están tan del todo bien, esas míralas con compasión. Sé genuino, sé honesto contigo mismo, porque no hay mayor amor que puedas compartir con los demás que el amor que te das. No necesitas convencer a nadie para que sepan quién eres, solo necesitas convencerte de tu potencial y del gran poder interior que tienes. Eres perfectamente imperfecto. Respira y permite que la luz salga, y serás la mejor versión de ti mismo.

Agradece y sé libre. Sé la pulsación que vive en tu corazón. Dejarás de ser lo que no eres y dejarás de buscar aprobación, amor, protección, seguridad o dinero. Te sentirás lleno de vitalidad y seguro en tu camino. Encontrarás todo lo que necesitas en tu esencia y todo lo demás vendrá sin esfuerzo. La intuición florecerá en tu vida, y te guiará en tu camino aquí en la Tierra.

Trabaja, entonces, para que la felicidad, así como el sufrimiento, sean las dos caras de la misma moneda de tu existencia. Emprenderás un gran viaje donde lo abrazas todo tal y como es.

Om, shanti, namasté.

Agradecimientos

Me gustaría expresar mi más honda gratitud a Marta Nicolás, por su apoyo incondicional y generosa entrega de su tiempo y recursos en la elaboración de esta obra.

Deseo expresar mi más profundo afecto y aprecio a Pablo d'Ors por su amistad sincera, acompañamiento y sabiduría.

Me gustaría expresar mi más sincero agradecimiento a la Editorial Kairós, en especial a Agustín Pániker e Isabel Asensio por guiarme en el proceso de elaboración para dar vida a esta obra. También, estaré permanentemente agradecido a Ken Wilber por su apoyo a lo largo de los años.

Me gustaría, además, manifestar mi más humilde respeto y agradecimiento a mis maestros y maestras de linajes ancestrales que, con corazón y perseverancia, me han transmitido la sabiduría milenaria. Asimismo, quiero ofrecer mi gratitud a todas aquellas amistades y alumnos que con su ejemplo me mostraron el poder de las enseñanzas presentes en este libro.

Finalmente, deseo expresar mi más profundo afecto y amor a mi madre, por darme esta maravillosa y preciada vida.

Vida sagrada

La Vida,
tal y como la conocemos,
es la fuerza invisible del Universo.

Esta fuerza creadora está hecha de luz,
que crea y transforma las estrellas, las galaxias,
los átomos de nuestro cuerpo
y de nuestro hermoso planeta Tierra.

Esta misma luz contiene toda la sabiduría y compasión
y se expresa en miles de millones de formas
diferentes y únicas en cada uno de nosotros.

Todo ser humano está hecho de luz
y forma parte del flujo creativo que da vida a todo,
haciendo que el arte de vivir sea una expresión
de esta misma fuerza vital;
el fuego de amor que arde en nuestro corazón.

Bibliografía

Balkrishna, Acharya. *La ciencia del ayurveda. Guía completa de la medicina india tradicional (Salud natural).* Gaia Ediciones, Madrid, 2017.

Caplan, Mariana. *A mitad de camino: la falacia de la iluminación prematura.* Editorial Kairós, Barcelona, 2002.

Chilton Pearce, Joseph. *The Biology of Transcendence: A Blueprint of the Human Spirit.* VT: Inner Traditions, Rochester, 2004.

Chödrön, Pema. *Cuando todo se derrumba: palabras sabias en momentos difíciles.* Gaia Ediciones, Madrid, 1999.

Dass, Ram. *Puliendo el Espejo: cómo vivir en el presente basándote en tu corazón espiritual.* Ediciones Obelisco, 2020.

Desikachar, T.K.V. *The Heart of Yoga: Developing Personal Practice.* VT. Inner Traditions International, Rochester, 1995.

Desjardins, Arnaud. *La audacia de vivir.* La Llave Vitoria, 2001.

D'Ors, Pablo. *Biografía del Silencio.* Galaxia Gutenberg, Barcelona, 2020.

Ferrer, Jorge. *Espiritualidad creativa: una visión partici-pativa de lo transpersonal.* Editorial Kairós, Barcelona, 2003.

Feurerstein, Georg. *Tantra: The Path to Ecstasy.* Shambhala, Boston, 1998.

Grof, Christina y Stanislav Grof. *El poder curativo de las crisis.* Editorial Kairós, Barcelona, 1993.

Harvard Health Publishing. «*Yoga for Anxiety and Depression*». Harvard Mental Health Letter. Septiembre de 2017. Disponible en: health.harvard.edu/mind-and-mood/Yoga-for-anxiety-and-depression

Iyengar, B.K.S. *Luz sobre los yogas sutras de Patanjali.* Editorial Kairós, Barcelona, 2003.

Krishnamurti, Jiddu. *El Arte de Vivir* (Sabiduría perenne). Editorial Kairós, Barcelona, 1994.

Lad, Dr. Vasant. Ayurveda: *La ciencia de curarse uno mismo.* Lotus Press, 2020.

Lad y Usha Vasant. *Cocina ayurveda para la autocuración: principios ayurvédicos, recetas vegetarianas y guía de alimentos curativos para vata, pitta y kapha.* (Nutrición y salud). Gaia Ediciones, Madrid, 2019.

Levine, Peter. *Waking the Tiger: Healing Trauma.* North Atlantic Books, California, 1997.

Merton, Thomas. *Entering the Silence.* HarperOne, San-Francisco, 1997.

Prendergast, John y Kenneth Bradford, eds. *Listening from the Heart of Silence.* MN: Paragon House, St. Paul, 2007.

Rama, Swami. *Vivir Consciente: una guía para la transformación espiritual.* Himalayan Institute Hospital Trust, Estados Unidos, 2010.

Nhat Hanh, Thich. *Hacia la Paz Interior.* Debolsillo, Barcelona, 2010.

Waite, Dennis. *Enlightenment: The Path through the Jungle.* UK O books, Winchester, 2008.

Walsh, Roger. *Essential Spirituality: The Seven Central Practices to Awaken the Heart and Mind.* John Wiley & Sons, Nueva York, 2002.

Welwood, John. *Psicología del Despertar. Budismo, psicoterapia y transformación personal.* Editorial Kairós, Barcelona, 2002.

Washburn, Michael. *El ego y el fundamento dinámico.* Editorial Kairós, Barcelona, 1997.

Wilber, Ken. *En busca de la totalidad: una visión más allá de la religión.* Editorial Kairós, Barcelona, 2025.

—.The Collected Works of Ken Wilber, volumen 1 al 8. Shambala, Boulder, 2000.

Yogananda, Paramahansa. *Vive sin Miedo. Despierta la fuerza interior de tu alma.* Self-Realization Fellowship, Barcelona, 2016.

Turner, Kelly A., PhD. Radical Remission: Surviving Cancer Against All Odds. HarperOne, Nueva York, 2014.

Trungpa, Chögyam. Cutting Through Spiritual Materialism. Shambala Classics, Boulder, 2002.